노후 걱정 없이 평생 월 500만 원 버는
TM 실전 비법

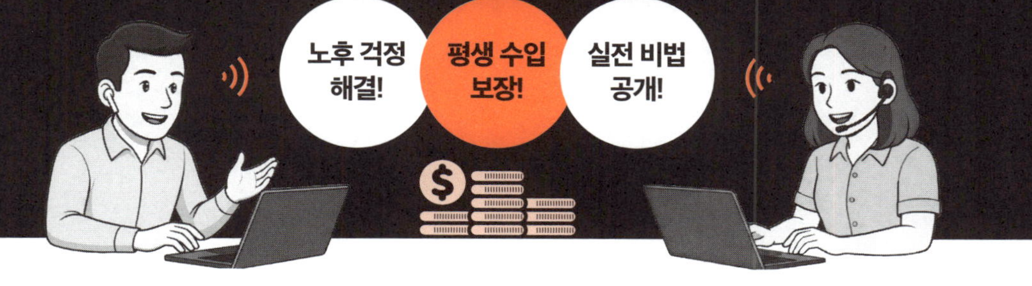

두드림미디어

TM을 추천하는 이유

2026년을 맞이해서 부쩍 자주 들리는 뉴스가 있다. 좋은 뉴스가 아니라 깜짝 놀랄 만한 뉴스들이다.

"내수 34년만 최악."
"장기화한 경기 침체."
"체감 경기는 최악."
"26년만 최악 매출."

요즘 대한민국을 보면 참으로 안타깝다는 생각이 든다. 현재 경기 침체, 물가 급등 등 많은 문제로 경제적 고통을 받는 분들이 많아졌다. 이 책은 경제적 문제로 힘들어하는 분들을 위해 제작되었다. 신기한 것은 이런 불경기에도 높은 급여를 받는 TM 전문가들이 많다. 현재 전국에 200만 명 정도 되는 TM 업무 종사자분들이 일을 하고 계시지만, 천차만별의 급여를 받고 있다. 적게는 월급 100만 원에서, 많게는 월급 5,000만 원까지 다양하다. TM의 종류도 매우 다양하다. 보험, 주식, 부동산, 통신, 상조 등이 있다.

그런 분 중에 상위 10%가 돈을 엄청나게 벌고, 나머지는 적게 번다. 그 이유는 무엇일까? 바로 기초과정을 스스로 공부하는 시간을 가졌다는 것이다. TM은 기초만 잘 다져놓으면 누구나 고수익을 가져가는 TM 상담사가 될 수 있다. 여기서 중요한 점은 조급하면 안 된다는 것이다. 아기도 엄마 배 속에서 10개월이라는 시간을 보내고 세상에 나오지 않는가? 최소 6개월은 공부하자. 그 공부한 것들이 내 평생 재정적 문제들을 해결해줄 것이다. 연금이 없고, 노후가 불안하며, 집도 없고, 돈도 없다면, TM을 잘 배워놓으면 노후 걱정도 없고, 연금이 없어도 평생 생활비가 해결된다. 정년 없는 평생직장이 가능한 TM을 추천하는 이유다.

그러면 무엇이 기초인가? 이 부분은 책에서 아주 자세히 다루었다. TM 신입 상담사분들이나 경력직인 분들도 모두 궁금한 부분을 이 책에서 상세히 살펴본다. 이 책은 초보도 상위 10% 상담사가 되게 해줄 것이다. 지금 취업 문제, 빚 문제, 결혼 문제, 노후 문제 등을 해결해줄 사람과 재산이 없다면 이 책이 해결하는 돌파구가 되어 줄 것이다.

내가 TM을 강의하는 이유

내가 지금까지 TM 책을 쓰고 강의하는 이유는 한 가지다. 내가 힘들고, 통장에 돈도 없고, 집도 없고, 결혼도 못 하고, 차도 없고, 거지처럼 살았을 때 나를 부자로 만들어준 것이 TM이기 때문이다. 여러분도 이 책을 통해 인생의 많은 문제가 해결될 것이다. 내가 산증인이기 때문이다. 인생을 살다 보면 완전히 망해 고통스러운 순간이 한 번 정도는 오는데, 그때는 혼자 고민하면 안 된다. 반드시 누군가에게 도움을 요청하고, 달려가고 쫓아다니면서 배우려고 노력해야 한다. 그러면 그 고통에서 나올 수 있다.

이 책은 TM으로 고생하지 않고 돈 벌게 해주는 노하우가 가득하다. 현재 TM 근무 중이거나 앞으로 TM을 배워보고 싶은 분에게 큰 도움을 줄 것이다. 그 이유는 내가 실제로 2019년부터 2026년까지 약 500명 넘게 여러 분야의 TM 상담사를 가르쳐 본 사람이기 때문이다. 보험, 주식, 부동산, 건강식품, 상조 등 코칭을 하면서 알게 된 것을 책에 담고자 노력했다.

이 책을 그냥 읽지 말고 노트에 받아 적으면서 보면 10배 이상의 효과를 볼 수 있다. 빨간 펜으로 줄도 치면서 형광펜으로 체크도 하면서 보라. 어떤 분은 예전에 내가 쓴 책《청년 백수에서 억대 연봉 콜센터 팀장이 된 비결》과《생초보도 TM 영업으로 10억 버는 비법》을 종이가 너덜너덜해질 때까지 봤다고 했던 여성분이 있으셨다. '아니, 어떻게 내 책을 그렇게 봤을까?' 그분께 궁금해서 월급을 얼마나 받느냐고 물어봤더니, 센터에서 2~3등을 하고 있고, 매달 거의 매달 1,000만 원 정도를 버신다고 했던 기억이 난다.

돈 문제를 TM으로 해결하는 방법

나는 경제적으로 힘든 사람들을 도와주는 책은 따로 있다고 생각한다. 서점에 가면 시집도 있고, 소설책도 있으며, 여행책들도 많고, 베스트셀러라고 하는 전문가들이 쓴 책들도 많다. 내 경험상 그런 책들은 잠시 용기와 희망을 주고 위로는 해주지만, 당장 먹고살 문제를 해결해주지는 못하는 경우가 많다. '이렇게 하면 해결됩니다'라고 정확한 방향을 제시해주는 책이 진짜 좋은 책이라고 생각한다.

이 책을 보는 분들에게 묻고 싶다. 살면서 지금까지 많은 책을 봤지만, 월 500만 원을 벌 수 있게 해결해줬는가? 이 책은 가능하다. 열심히 공부하고 부단히 실천하면, 누구나 가능한 분야가 TM이다. 어떤 분은 1년에 책 100권 읽기를 목표로 세우고 실천하는 예도 본 적이 있다. 그런 분들에게 이런 조언을 해드리고 싶다.

"책을 본다고 수입이 늘지 않습니다. 반드시 그에 상응하는 실천이 뒷받침될 때 수입이 늘어납니다."

내 문제를 해결하고 싶은가? 지금 만약 돈 문제로 힘들다면 딱 두 가지만 알면 성공할 수 있다. 가난을 해결해주는 것은 국가의 높은 자리에 계신 보건복지부 장관이 도와주는 게 아니다. 국군, 해군, 공군 등을 통수하는 우리나라 최고 높은 지위에 있는 대통령이 도와주는 것이 아니다. 다음과 같이 시도해보자.

1. '나는 가난에서 벗어나 부자로 살 것이다'라고 긍정 확언을 하자.

2. 나를 성공시켜 줄 스승을 찾아 나서자.

한 가지 알아야 할 것은 내 문제는 남이 절대 해결해주지 못한다. 내가 가난에서 벗어나 부자로 살고자 몸부림칠 때 주변에 도와줄 사람이 나타나고 문제가 해결된다. 나 자신을 제일 잘 아는 사람은 세상에서 나밖에 없다. 바로 나 자신이다.

마지막으로 앞으로 돈 문제로 걱정하면서 살고 싶지 않다면 사기꾼들을 조심해야 한다. 아무 노력도 없이 모든 게 다 해결된다는 사기꾼들의 사탕발림에 속지 말자. 요즘 AI가 다 해준다는 둥 그런 강의들이 많다. 나도 많은 돈을 날리면서 깨달은 것이다. 비싼 조언인 셈이다. 무작정 세상을 원망하지 말자. 게으른 나를 원망하자. 부지런한 사람이 되려고 노력하자. 하늘이 도와주고 싶게끔 나를 만들자. 나비를 잡으러 이리저리 쫓아다니지 말고, 나라는 멋진 화단을 가꾸며 2026년을 보내보자. 그러면 나비가 저절로 나를 찾아오게 될 것이다. 돈 문제를 해결하는 방법도 나비를 부르는 것과 같다. 전문가가 되기 위해 최선을 다해 공부하자. 그러면 해결책이 보이고, 직업이 생기며, 수입이 점점 늘어날 것이다. 결국 돈 걱정 없이 살게 될 것이다.

김우창

"우리 김우창 작가님, 고마워요. 당월 위촉인데 센터 1등을 찍고 부상으로 공기청정기를 받았어요. 급여는 1,300만 원 정도 될 듯해요."

서울 AXA손해보험, 이○○ 님

"작가님, 잘 지내시죠? 교육의 힘인지 11월에 센터에서 1등을 했어요. 센터 1등이 부동이었는데, 2년 만에 제가 하게 되었습니다. 작가님 덕분이에요. 오늘 센터에 던킨도너츠도 쐈습니다. 감사드립니다."

부산 메리츠화재, 박○○ 님

"어제 하루 만에 계약 10만 원 이상을 찍고, 오늘 아침에 제 이름이 센터 1등에 올라와 있었는데…. 아직은 월초라 조금 더 달려봐야 알 것 같아요. 항상 실적이 잘해도 15등에서 20등 사이였는데, 작가님께 조금 더 배우면서 마감 때 센터 1등도 바라봅니다."

부산 AIA생명, 고○○ 님

"이번 달 우리 회사에서 전체 2등이 되어, 이번 달에 1,000만 원 이상을 받았습니다. 작가님 덕분에 완전히 마스터해서요. 아주 자신 있습니다. 작가님을 만나면 인생이 바뀐다는 말이 맞는 것 같아요. 사실 작가님을 만나기 전에는 반론이 매우 부족했는데, 이제는 완전히 날아다닙니다. 10월 급여 1,000만 원 인증입니다. 작가님 노하우여서 가능하네요. 앞으로 계속 잘 부탁드려요. 8월, 9월, 10월 해서 3개월 동안 3,000만 원을 받았습니다."

인천 DB손해보험, 심○○ 님

"작가님, 오늘 5건을 계약했어요. 작가님의 책을 읽고 나서 일이 술술 잘 풀려요. 마법 책인 듯! 중요한 것은 건당 보험료가 높아졌어요. 제가 가장 취약한 부분이었어요."

전라도 광주 라이나생명, 박○○ 님

"DB 계약으로 3등을 했습니다!"

경기도 남양주 AXA손해보험, 구○○ 님

"저는 전체 계약 중 암보험이 30%, 수술비는 70% 비중으로 하고 있는데, 첫 달은 월납 계약금액 50만 원 정도고, 둘째 달은 80만 원, 전달은 100만 원까지…. 이제 안정권으로 갈 것 같습니다."

인천 DB손해보험, 강○○ 님

"김 작가님의 가르침으로 9월 마감을 잘했습니다. 진심으로 감사합니다. 저희 실에서 1등을 했고요. 센터에서는 정확한 순위는 알 수 없고, 5위 안에 들었습니다. 이제는 정리도 되었으니, 본격적으로 공부에 매진해서 10월에는 더욱 발전된 모습을 보여드릴 수 있도록 많은 지도 부탁드립니다."

서울 AXA손해보험, 김○○ 님

"작가님, 오늘 처음으로 5건 했습니다. 며칠 잘 안되어서 저기압이었는데, 처음으로 괄목할 만한 성과가 나왔네요. 작가님 덕분입니다. 감사드립니다."

부산 AIA생명, 이○○ 님

"모레 오후 시간으로 면접 약속을 잡았습니다. 전 회사 소득 보장 최대 4,000만 원을 첫 달에 지급한다고 해서요. 결과를 알려드립니다. 감사합니다."

서울 AIA생명, 김○○ 님

"작가님, 안녕하세요. 저 월납 보험료 70만 원을 해서 신인 대상을 받았고요. 콜타임과 콜터치 수 우수상도 받았습니다."

수원 동양생명, 박○○ 님

차 례

1장 TM으로 평생 월 500만 원이 가능할까?

2장 월 500만 원 이상 버는 TM 상담사 특징

5장   **TM 전문가, 당신도 할 수 있다!**

TM으로
평생 월 500만 원이
가능할까?

평생 노후 자금을
TM으로 해결한 주부

적정 노후 생활비는?

국민연금연구원에서 부부 기준 최소 적정 노후 생활비를 산출한 결과, 2009년에는 월 174만 원이면 부부가 한 달 동안 생활비 걱정 없이 살 수 있었다. 하지만 2025년에는 한 달에 277만 원이 있어야 부부가 밥도 먹고 생활도 무리 없이 할 수 있다. 앞으로 20년 후면 어떻게 될까? 아마 월 500만 원은 있어야 가능하지 않을까?

평균수명이 점점 늘어나 앞으로는 100세까지 살게 될 것이다. 남자의 경우 군대를 다녀온 후 대학을 졸업하면 20대 후반에서 30대 초반쯤 취업한다. 그리고 30년간 직장 생활을 하면 65세에 퇴직한다. 그때부터 30년을 수입 없이 살아야 한다는 계산이 나온다. 월 277만 원을 30년 동안 사용하는 데 드는 총비용은 약 9억 원 정도다. 특별히 집안이 잘살거나 재벌이 아닌 이상 이 기간에 아무도 나에게 생활비를 주지 않는 게 현실이다. 아무리 친한 친구라도 나에게 매달 277만 원을 줄 수 있는가? 친척도, 제일 친한 친구도 할 수 없는 일이다.

나는 2019년부터 텔레마케팅(TM)을 가르치는 일을 하고 있다. 매년 40~50명 정도의 분들이 소문을 듣고 TM 코칭을 받고 싶어 나를 찾아오신다. 대부분 가정형편이 좋고 집이 잘사는 분들보다는 현재 빚 문제, 재정 문제, 노후 문제, 자녀 육아 문제, 사업 문제, 취업 문제 등 정말 셀 수 없을 만큼 많은 문제를 가지고 나를 찾아오신다. 이직을 원하는 분도 있고, 취업을 원해 오시는 분들도 계신다. 이 직업은 경력이 없어도 되고, 나이도 따지지 않으며, 입사 문턱이 낮다 보니 여러 분야에서 많이 지원해주신다.

나 또한 처음 TM을 시작할 때는 매우 어려운 상황이었다. 사업도 망했고, 바보처럼 모르는 사람에게 사기도 당해 빈털터리 신세였다. 가진 것도 없어서 내 집 마련, 결혼 비용 같은 것은 꿈도 꾸지 못했다. 그냥 하루하루 먹고사는 일만 해결하면서 살았다. 그때가 약 17년 전 이야기이지만, 그 어려움과 고난이 없었다면 지금 억대 연봉을 받는 TM 상담사가 되었을까? 지나고 보면 그때의 어려움이 참 감사하다는 생각이 든다. 왜? 부자들이 자녀들에게 주고 싶은 가장 큰 선물은 '고생하는 것'이라고 책에서 본 적이 있다. 부자들은 알고 있다. 자식에게 큰돈을 주면 인생이 망하는 것을 말이다. 사회에 나와 열심히 일하고, 성실하게 살아서 귀하게 번 돈은 인생을 빛나게 해주는 등불이 된다. 하지만 공짜로 얻은 큰돈은 반드시 탈이 나기 마련이다. 돈의 귀함도 모르고 마구 쓰게 되어 명품이니 좋은 자동차를 살 게 뻔하다. 그 돈은 무게가 없고, 무게가 없는 돈은 금방 사라진다. 고생은 돈을 주고서라도 경험해봐야 한다. 그로 인해 나 스스로가 더 강해지고, 단단해지며 세상을 지혜롭게 살게 해주는 것 같다.

협회를 통해 지금껏 가르친 수강생들이 수백 명이 넘는다. 그중 열심히 하신 분들과 아닌 분들로 나뉘는데, 평균 월 500만 원 이상은 다 벌어가시는 것 같다. 최상위 수강생분들은 억대 연봉을 받는 경우도 많다. 내가 운영하는 네이버 카페 〈한국텔레마케팅코칭협회〉에서 TM 부업으로 크게 성공하신 분의 인증 글이 많다. 의심이 드신다면, 꼭 들어와 확인해보시기를 바란다.

61기 박○○ 님, 평생 노후 자금을 TM으로 해결하다

그중 특별히 소개해드리고 싶은 분이 61기 박○○ 님이다. 이분의 실제 인증은 네이버 카페 〈한국텔레마케팅코칭협회〉에 들어와서 '61기'라고 치면 나온다. 이분이 2021년부터 1등 한 내용, 연도 대상을 탄 내용, 월 2,000만 원 받은 내용 등을 확인할 수 있다. 이 책의 모든 후기는 전부 확인할 수 있는 진짜다. 요즘 후기로 이상한 장난을 치는 강사들이 많은 것 같다. 자신은 경험도 없고, 해본 적도 없는 이야기를 하며, 독자들을 속이는 일은 정말 나쁜 일이다. 수강생 중 한 분은 다른 데서 이상한 TM 강의를 듣고, 수백만 원을 날렸다며 하소연한 적도 있었다. 참 안타까운 일이다.

암튼, 61기 박○○ 님은 협회에 오시기 전에 자녀 1명을 키우고 계셨다. 아침에는 유치원에 아이를 데려다주고, 마치면 또 데리러 가야 하는 상황이었다. 어디 다른 데 일자리를 알아볼 시간도 마땅치 않았고, 집에서 가정주부로 일하던 분이셨다. 그러던 어느 날, 남편의 수입에 문제가 생겨서 당장 육아비를 벌어야 하는 급 박한 상황이 생겼고, 주변에 여러 군데 일자리를 알아봤지만 신통 치 않았다고 하셨다. 그러던 중 보험 TM에 대한 정보를 알게 되 어 바로 면접을 보고 합격을 하셨다. 이분 역시 이전에 많은 부업 을 알아보기도 하셨고, 실패도 하셨다고 한다. 사실 아이를 돌보 면서 직장을 가지는 것은 거의 불가능하다. 짧은 시간을 근무하고 고소득을 내는 부업은 아마도 TM밖에 없을 것이다. 이분처럼 부 업을 찾는 사람들은 대부분 자신을 위한 돈을 버는 것보다 자녀 나 가족에 보탬이 되고 싶어서 할 때가 많다. 육아비가 상상을 초 월하고, 자녀의 등록금과 결혼 비용까지 하면 등골이 휘는 세상에 살고 있다. 또 자녀를 잘 키워놓으면, 준비 없는 노후 30년이 기 다린다. 도대체 어떻게 해결해야 한단 말인가? 바로 이 부분에서 TM이 답이라고 자신 있게 말할 수 있다!

61기 박○○ 님은 2021년에 큰 문제로 인해 나를 찾아오셨다. 집안에 보탬이 되고자 재택근무가 가능한 부서에 입사 지원을 했 다가 한 달 만에 그만두고, 바로 나의 특강을 신청하고 책을 받 고 싶다고 연락하셨다. TM을 시작하셨지만, 생각보다 어렵고 힘 들어 포기하려던 찰나에 내 책과 유튜브를 우연히 알게 되었다고 하셨다. 내 강의와 책을 보고 깨닫게 되셨다고 한다. 그래서 내가 이럴 때가 아니라, 바로 달려가서 배워야겠다고 마음을 먹으셨다.

나는 박○○ 님에게 물어봤다.

"왜 그만두셨어요?"

"아, 그게 교육이 이상하고, 저 같은 초보가 가서 계란으로 바위 치기라는 생각이 들었어요. 제대로 배워서 하고 싶었어요. 그래서 책도 찾아보고 유튜브도 찾아보다가 작가님을 알게 되었고, 바로 교육을 신청했답니다."

이분은 지금 월급이 거의 2,000만 원에 육박하는 분이다.

61기 박○○ 님, 실적 310 마감 인증 내용

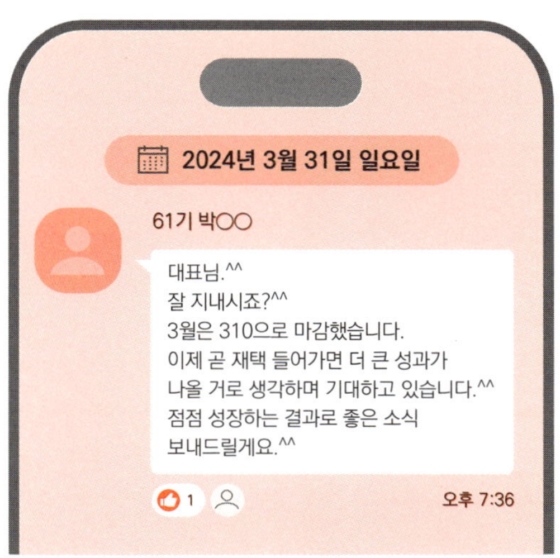

No	RM명	차월	목표	건수	평가업적	달성률
1	○○○	○○○	1,714,305	35	3,103,358	181%

출처 : 저자 제공(이하 동일)

보험 TM을 해본 적이 있으신 분들은 아시겠지만, 한 달에 찍은 건수가 35건에 업적이 310만 원이라고 한다면, 급여로 하면 수수료를 700%만 잡아도 약 2,100만 원이 넘는다. 실로 엄청난 일이 아닐 수 없다. 2021년에 나를 찾아오셔서 1년 만에 1등을 하시더니 2024년 3월 31일에 업적을 하신 것을 카톡으로 인증해서 보내오셨다. 지금까지 이분이 벌어간 수입금액이 1년에 1억 원 정도로 봐야 하는 이유는 매달 잘되는 것이 아니라 적게 버는 달도 있기 때문이다. 명절이나 설날은 고객들이 자금 사정이 좋지 못해서 계약이 평소보다 작게 나온다. 그래도 현재까지 평균 번 금액은 약 4억 원이 넘는다.

61기 박○○ 님, 급여 1,564만 원 인증 내용

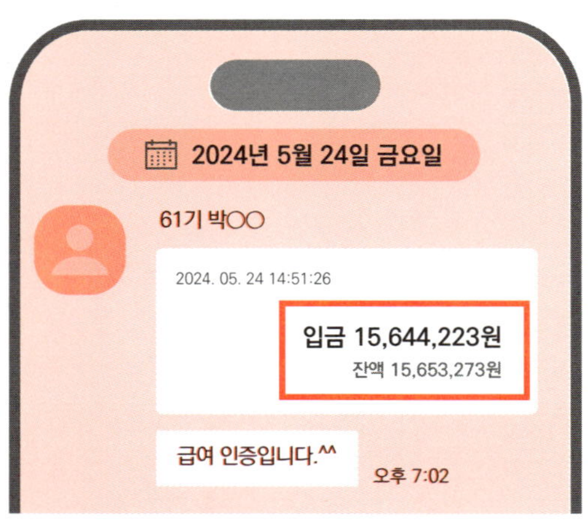

2024년 5월에도 월급이 거의 1,600만 원이 되고, 지금도 계속 이런 일이 일어나고 있다. 책이라는 특성상 다 올리지는 못하지

만, 네이버 카페 〈한국텔레마케팅코칭협회〉에 들어가면 다 보실 수 있도록 인증해서 올려놓았다. 이분이 인증한 것 중 2개월 치만 올렸지만, 1년 치를 하면 거의 2억~3억 원이 된다. 도대체 어떻게 이런 일이 일어날 수 있는가? 처음에 이분은 너무 TM 센터 상담 일을 쉽게 보고 도전했던 자신을 원망했다. 병원을 운영하는 의사들도 대학교, 대학원, 레지던트까지 수료하고 의사 자격을 얻게 된다. 거의 10년 정도의 시간을 투자하고 공부하지만, 잘되는 경우는 극히 드물다. 인기가 많고 경쟁이 심한 직종의 특징은 엄청난 지원자들로 인해 바늘구멍 같은 취업의 문턱이 기다리고 있다. 하지만 이분은 달랐다. 누구나 할 수 없는 그런 특수한 TM 직업의 전망을 본 것이다. 나는 이것이 그분에게 돈을 벌어다 준다고 생각한다.

'아무나 할 수 없는 직종에 들어가서 최고가 되기 위해 공부하는 것!'

이것이 이 책의 가장 중요한 핵심이다. 지금 직업을 고민하고 있고, 이직을 고민하고 있다면 당장 도전하라. 단, 처음에 두세 달은 투자한다고 생각하자. 절대 돈 번다는 생각을 버리자. 이분도 처음 두세 달은 전산과 상품을 익혀야 하므로 좀 헤매셨다. 계약도 잘 못하셨고, 이상한 센터에 들어가 고생도 많이 하셨다. 나와 센터 문제도 상의하고, 이직 문제도 상의했다. 그 결과 엄청난 일이 일어난 것이다. 그래서 나는 수강생이 배우러 오면 바로 고액 연봉을 받는다고 호언장담하지 않는다. 두세 달은 초보 딱지를 떼는 기간으로 생각하고, 공부에 집중하라고 한다. 그리고 또 두세 달은 계약하는 기술을 만드는 기간이다. 총 6개월 정도는 공부해야 TM이 내 손바닥 위에 있게 될 정도가 된다.

대부분 TM이라고 하면 다음과 같이 인식한다.

① 거절이 심한 직업
② 고객들과의 스트레스가 많은 직업
③ 3D 업종
④ 수수료는 높지만, 계약이 어려움

다 맞는 말이다. 공부하지 않고 도전하게 되면, 계란으로 바위 치기 같은 일이 된다. 고객들은 처음에 "어서 오세요" 하지 않는다. "누구세요?", "어디서 전화하신 거죠?" 하며 별의별 이야기를 한다. 반드시 초보라고 생각이 된다면 내 책《청년 백수에서 억대 연봉 콜센터 팀장이 된 비결》과《생초보도 TM 영업으로 10억 버는 비법》을 읽어보면 큰 도움이 될 것이다. 그리고 유튜브 〈김우창 작가 TV〉를 구독하면 매주 특강 영상을 올리고 있으니 업무하는 데 도움이 될 것이다. 여러분도 꼭 성공해서 61기 박○○ 님처럼 좋은 일이 많이 일어나게 되길 기도해본다.

아무도 책임지지 않는
노후 30년

전문지식이 내 노후 생활비를 해결한다

내가 65세에 퇴직을 하면, 30년은 생활비가 없는 시기가 온다. 수입이 없을 수도, 많이 있을 수도 있다. 하지만 준비해둔 연금이 없고, 재산이 없으며, 내 노후를 책임져 줄 사람도 없고, 매달 500만 원씩 생활비를 주는 사람이나 자산이 없다면 TM을 꼭 배워놓으라고 말하고 싶다. TM은 초보라도 처음에 3개월에서 6개월만 잘 공부하면 평생직장이 된다. 이 기간이 마의 구간이다. 하지만 초기에 성공하겠다는 마음만 있고, 고객들이 어떤 상담사에게 가입하는지, 고객들이 왜 계약을 망설이는지, 어떻게 하면 계약을 잘 할 수 있는지 하는 등의 공부를 하지 않는다면 다 그만두게 된다.

TM은 매달 500만 원 나오는 연금 같은 것이다. 내가 60세가 되든, 70세가 되든, 80세가 되든 언제든지 일할 수 있고 정년퇴직이 없다. 잡코리아의 자료에 따르면, 대기업은 48세부터 퇴직 압박이 시작된다. 중소기업은 50세면 직장을 나갈 준비를 해야 한다. 경력이 많아질수록 급여가 오르는 반면, 그 절반만 줘도 되는 고스펙 신입사원들이 많으니 기업들이 경력자를 부담스럽게 느끼는 건 아닐까? 정년퇴직은 누구나 맞이하게 될 숙명 같은 것이다.

이러한 이유로 나는 2009년부터 줄기차게 정년 없는 평생직장인 TM을 하라고 강조했다. 하지만 누구나 다 성공하는 것은 아니다. 취미로 낚시하더라도 원리와 기술을 배워야 하듯이 TM도 잘하는 방법을 배워야 한다. 최소한 책 한 권은 보는 노력이 필요하다. TM을 잘하고 싶다면 배우는 자세가 먼저다. 평생 돈이 들어오게 하려면 내가 이 분야에 타의 추종을 불허할 만큼 많이 알고 있어야 한다.

그렇다면 고객들이 상담사들과 통화할 때 무엇을 중점적으로 볼까? 외모, 학벌, 가정환경, 재산, 사는 지역, 사회적인 지위, 좋은 인맥일까? 모두 다 아니다. 우리는 고객들을 만나서 상담하는 것이 아니라 전화로 상담하므로 목소리에서 신뢰가 느껴져야 한다. 고객들이 상담사와 통화할 때 가장 많이 보는 것은 무엇일까?

① 전문가다운 상담 자세

② 전문지식 공부

③ 열정적인 태도

④ 따뜻한 마인드

⑤ 신뢰할 수 있는 회사

⑥ 경쟁력 있는 상품

⑦ 믿음이 가는 목소리

 노후 걱정 없이 평생 월 500만 원 버는 TM 실전 비법

이러한 것들이다. 아쉽게도 이런 교육은 평생 살면서 한 번도 배워보지 못했을 것이다. 초, 중, 고를 졸업하고 대학교를 나왔어도 말이다. 만약, 이런 교육을 한 번도 받아보지 못하고 TM 영업을 시작했다면, 3개월 안에 회사 욕을 하고 그만두게 될 확률이 매우 높다. 실제로 평균 TM 영업 상담사의 평균 근무 일수가 6개월 미만이라는 통계도 있다.

내가 돈이 없고 노후 준비도 전혀 되어 있지 않은 상태에서 20년 동안 월급을 500만 원을 벌게 된다면 1년에 6,000만 원, 10년에 6억 원, 20년에 12억 원을 벌게 된다. 이는 작은 돈이 아니다. 그리고 수입이 없는 노후에 생활비로 쓰게 되는 귀중한 돈이다. 아무도 책임지지 않는 노후 문제를 해결하고 싶다면, 반드시 그에 따르는 공부하는 시간을 가져야 한다. 그러면 그 시간은 없어지지 않고, 평생 나에게 생활비를 가져다주는 귀한 일을 수행하게 된다.

그 시간에 게임을 하거나 놀러 다니면 버려지는 시간이지만, 공부한 시간은 나를 부자로 만들어주는 시간이 된다. 내 노후는 가족도, 친구도, 친척도 대신 책임질 수 없으므로 반드시 내가 스스로 준비해야 하는 것이다. 요즘 MZ세대들을 보면 적게 일하고 많이 버는 것을 선호하는 것 같다. 가성비 좋은 직업을 선택하는 것을 자주 보게 된다. 대부분 대학 졸업 후 직업을 선택하는데 주 5일, 대기업, 고액 연봉, 휴가, 연차, 재택근무 가능 등의 조건에 맞는 곳을 찾아다닌다.

그렇다 보니 대기업 같은 좋은 직장들의 취업 경쟁률은 점점 올라가고, 면접에서 떨어진 취업 준비생들은 점점 늘어가는 것 같다. 뉴스를 보면 다들 취업이 되지 않아서 취업을 아예 포기하는 학생들도 종종 보인다. 전부 대기업을 선호하다 보니 생긴 일이다. 또, 요즘 입시 학원가에서는 공무원 열풍이 불어 몇 년을 준비해서 평생직장이라고 하는 국가공무원이 되는 게 유행이라고 한다. 하지만 그 어려운 시험을 보고 들어갔지만, 치열한 경쟁을 뚫고 들어간 직장을 집어던지고, 미니멀 라이프라고 하면서 지출을 줄인 생활을 공유하는 일을 심심치 않게 보게 된다. 이런 세대에게 내가 아무리 TM 영업이 고액 연봉을 받을 수 있고, 평생직장이라고 아무리 떠든다고 한들 "저보고 TM 상담사를 하라고요? 저는 못 할 것 같아요"라는 대답이 돌아올 게 뻔하다.

추측해보자면 TM 영업을 시도도 해보지 않고, 어려워하는 것이 아닌가 생각된다. 그 말도 맞다. 대부분의 TM 영업 콜센터는 특급 비법 같은 것들을 알려주지 않는다. 사실 비법만 알면 떼돈을 버는 직업이 TM 영업이다. 지금도 월급 2,000만 원, 3,000만 원 정도 받으면서 잘나가는 상담사들이 많다. 하지만 센터에서는 신입 상담사들이 들어와도 기본적인 교육 이외에는 절대 해주지 않는다. 그래서 이 직업 자체가 너무 힘들고, 어려운 직업이 된 것으로 생각한다. 그러한 이유로 초보 상담사들은 비법을 모르니 상담을 진행하면 그냥 맨땅에 헤딩하는 기분이 들 것이다. 그러면 계약이 점점 힘들어지고, 고객이 점점 무서워진다. 제대로 상담을 능숙하게 진행해야 하는데, 그런 교육을 제대로 받지 못했기 때문이다. 하지만 하늘이 무너져도 솟아날 구멍은 있다.

나도 처음에 TM에 발을 들였을 때 아무도 도와주지 않았다. 선배들이 월급을 4,000만 원을 받아 가는 것을 보고 '나도 할 수 있어!'라는 생각만 하면서 1년을 버텼다. 그 1년 동안은 아무도 알려주지 않았지만, 그냥 공부한다고, 생활비 정도만 번다고 생각하고 비법들을 찾아 헤맸다. 처음에 이 직업을 선택하게 된 계기가 무척 중요하다. 나는 연봉을 한 달에 버는 직업이 있다고는 상상도 못 했기 때문이다. 해볼 만한 가치가 있는 일은 꼭 해내고 마는 성격이기 때문에 도전해보게 된 것이다. 여러분들도 이 일을 하겠다면 꼭 계기를 만들기를 바란다.

하지만 도전하고 바로 잘되었으면 얼마나 좋았을까? 처음에는 계약도 없고, 상담하다 보니 목이 아파서 이비인후과에 자주 다녔다. 계약도 안 나오는데 차비는 계속 지출되고, 점심값은 계속 나갔다. 나 자신이 한심해 보였고, 하루하루가 힘들었다. 만약, 여러분은 TM을 해본 경험이 없다면 1년은 공부한다고 생각하라. 잘 안된다고 센터장님이나 실장님을 원망하지 말고, 1년만 공부해보라. 남의 평가나 실장님이 뭐라고 해도 나는 억대 연봉을 받는 상담사라고 계속 생각하라. 계속 입으로 확언하고 이루어질 것으로 생각하라. 그러면 신기하게 방법이 하나씩 보이기 시작할 것이다. 이것은 내가 해본 거라서 자신 있게 말할 수 있다. 책을 찾아보고 강의를 찾아다니며 들어라. 그러면 한 단계, 한 단계씩 성장하는 자신을 볼 수 있을 것이다.

What이 아니라 Why

TM으로 오래 살아남는 데 필요한 것은 고객이 오케이 하도록 말하는 것이다. 말하는 방법에 관한 좋은 책이 있어 추천해주고 싶다. 베스트셀러《나는 왜 이 일을 하는가?》에 마음에 드는 이성과 데이트에 성공하는 법에 관해 설명하는 부분이 있다. 과연 데이트에 번번이 실패하는 사람과 성공하는 사람은 무슨 차이가 있을까? 여기서 말하는 것보다 어떤 내용으로 말하느냐의 중요성이 나온다.

"저는 돈이 아주 많습니다."
"넓은 집에 살고, 고급 차를 타고 있습니다."
"유명한 사람을 많이 알고 있어요."

이 사람의 데이트는 잘 풀리지 않았을 확률이 높다. 애프터 신청에도 실패했을 가능성이 크며, 첫 데이트에서 관계 형성의 기반을 제대로 다지지도 못했을 것이다. What은 의사를 결정하도록 만드는 요소가 아니라 Why를 뒷받침하는 근거로 사용되어야 한다. 따라서 What만 내세운 사람의 데이트는 실패로 끝났을 것이다. 하지만 이 사람을 다른 데이트에 보내서 Why로 시작하면 어떨까?

"제 인생에서 가장 소중한 가치가 뭔지 아세요? 제가 매일 아침 하루를 시작하는 이유는 좋아하는 일을 하기 위해서입니다. 저는 사람들이 각자 열의를 느끼는 일을 하도록 영감을 주고 있어요. 정말 가치 있는 일이라고 생각해요. 그중에서도 사람들에게 영감을 주는 방법을 하나씩 발견해가는 게 특히 좋습니다. 깨달을 때 새롭고 놀랍거든요. 게다가 저는 직업으로 많은 수입을 얻었습니다. 근사한 집과 차도 샀고, 자연스럽게 인맥도 넓어졌죠."

첫 번째 경우에 비해 이 사람이 애프터 신청에 성공할 확률은 꽤 높아질 것이다. 상대가 그와 가치관이 비슷하다면 말이다. 여기서 더 중요한 점은 그가 가치관과 신념을 토대로 대화를 이어나갔고, 이로써 관계의 기틀을 마련했다는 사실이다.

이 책에서 우리는 가치관과 신념을 토대로 대화하는 것의 중요성을 알게 된다. TM 상담을 할 때 하루 종일 고객들과 상담하면서 일이 즐겁지 않다면 무엇이 문제일까? Why를 생각하면 이 부분에 대한 답을 찾게 될 것이다.

출근 없이 집에서도 부업이 가능한 TM

어머니의 곰 인형 부업

내가 어릴 적 어머니는 집에서 인형 부업을 하셨다. 나와 동생이 어리다 보니 외부에 나가셔서 하는 일은 꿈도 못 꾸셨다. 아버지가 조금 벌어오시고 네 식구가 먹고살려다 보니 금전적으로 힘드셨던 것 같다. 그래서 시작하신 게 곰 인형에 눈알을 붙이는 부업이었다. 그때는 몰랐는데 지금 생각해보면 돈은 많이 벌지도 못하는데, 일은 엄청 힘들었다. 영화 〈기생충〉에 보면 김기택(배우 송강호)이 자녀들과 지하 단칸방에서 옹기종기 모여 피자 상자를 접는 장면이 나온다. 아마 그 모습을 상상하면 비슷한 모습일 것이다. 어머니는 가정에 금전적으로 조금이라도 보탬이 되고 싶어서 곰 인형 부업을 시작하셨던 것 같다.

'100개 붙이면 아이들 반찬값은 나오겠네.'

아마 이런 생각으로 하지 않으셨을까? 공장에서 집으로 곰 인형을 보내주면 그 인형에 눈알을 붙였는데, 어머니가 작업하시던 인형은 작고 귀여운 갈색 곰 인형이었다. 나는 기술이 없어 곰 인형 속에 솜을 넣고, 내 동생은 솜을 넣은 곰 인형을 어머니께 전달해드리는 가내수공업이었다. 너무 어려서 그랬는지 그때는 즐거웠다. 좋아하는 곰 인형을 온종일 보고 만질 수 있어서 마냥 행복했다. 그리고 어머니가 나가서 일하지 않는 것이 얼마나 기뻤는지 모른다. 돈이고 뭐고, 동생이랑 같이 어머니가 접착제로 눈을 붙이면 완성되는 인형 모습을 보면서 신기해했다. 서로 시시덕거리며 즐겁게 어머니와 같이 일했다. 그때 나는 인형 부업으로 어머니가 큰돈을 버는 줄 알았다. 그런 어머니가 대단해 보였다.

“엄마, 인형 완전히 잘 만든다. 나도 해볼게”하며 즐겁게 옆에서 도와드렸다. 지금 생각해보면 그때 어머니는 인형 1개당 대략 1원이나 벌었을까 싶다. 100개 하면 100원이고, 500개 하면 500원이다. 그 당시 500원이면 짜장면 1그릇이었다. 지금은 물가가 10배 정도 올랐으니까 100개 하면 5,000원 정도 수입이었다. 수입은 적었고, 일은 고되었다. 어머니는 손이 다 까지고 갈라져서 상처 난 부위에 반창고를 감고 일하셨던 기억이 난다. 500원을 벌려고 밤새도록 곰 인형을 만드는 부업을 해서 우리 형제를 키워내셨다. 돈을 떠나 우리 형제를 키워준 고마운 곰 인형 부업에 감사하다. 지금도 지나가다가 인형 뽑기 기계에서 인형들을 보면 그때 생각이 난다. 2,000원쯤 넣고 하면 대부분 실패로 돌아가지만 그래도 괜찮다. 그때 기억이 나서 곰 인형이 고마울 따름이다.

여기서 주목해야 할 것은 부업은 '그냥 부업이 있고, 돈이 되는 부업'이 있다. 우리는 이 부업에 대해 다시 생각해봐야 한다. 노력한 만큼 수입이 들어와야 보람도 느끼고 돈도 되기 때문에 꾸준히 하게 되는 것이다. 부업은 전문적이지 않은 일이 많다. 어떤 부업의 광고를 보면 이렇게 쓰여 있다.

"누구나 다 가능합니다."
"하루에 1~2시간만 하면 건당 10만 원을 드립니다."
"무경험이어도 가능합니다."
"얼른 신청하세요."

나도 이런 부업 광고에 속아 몇 번 해보고 충격을 받은 적이 있다. 편의점, 댓글 아르바이트, 포스팅 알바, 신문 배달, 대리운전, 건설 현장 막노동, 뷔페에서 식당 설거지 등 정말 많은 부업을 경험해봤다. 돈 많이 주는 곳은 몸이 힘들었고, 편한 곳은 돈이 안 되었다.

이렇듯 대한민국에는 부업이 많다. 블로그 글을 쓰는 것이나 홍보 댓글을 달면 건당 얼마를 주는 것, 카페·식당·편의점·결혼식 하객 알바 등 수많은 부업을 찾아볼 수 있다. 그런데 내가 이 부업을 평생 한다고 생각하면 아마 아찔할 것이다. 내가 들이는 시간에 비해 수고 비용이 적기 때문이다. 어떤 경우는 차비도 안 나온다. 비용 대비 남는 게 별로 없다. 그리고 배달 아르바이트는 오토바이를 탈 경우 사고 위험도 있다.

지금 우리가 사는 대한민국에는 부업은 많지만, 돈이 되는 부업은 거의 없다. 만약 있다고 하더라도 매우 극소수의 사람들이 비법을 알려주지 않고 혼자 한다. 그 외에는 고소득을 얻을 수 있는 것을 찾기 매우 힘들다. 조금 해보다가 지치고, 금전적으로 큰 수익을 보지 못하고 그만두게 되는 경우가 많다. 그래서 작은 부업을 몇 개씩 하면서 수입을 늘려보려고 하지만, 감당이 안 되어 포기하게 된다.

돈 되는 부업을 하는 방법

나는 TM이라는 직업을 만난 후 인생이 완전히 바뀌었다. 예전에는 시급 얼마를 생각하면서 일했지만, TM을 하면서 하루 40만 원 정도 버는 일이 많아졌다. 생전 만져보지도 못한 월급 1,000만 원을 달성하기도 했고, 회사에서 일본으로 해외연수도 보내줬다. 그때 깨닫게 되었다.

'진짜 돈이 되는 부업이 있구나.'
'대신 그냥은 안 되고 몇 달은 공부해야 하는구나!'

누구에게나 그렇듯 처음에는 TM이 어렵고 힘들 것이다. 새 구두도 처음 신으면 발이 아프듯 TM도 그렇다. 나도 처음 입사할 때는 고객들의 거절에 당황하고, 우물쭈물하다가 계약도 못 하고 집에 가는 날이 허다했다. 하지만 6개월 정도 악바리 자세로 고군분투하면서 공부하니 하늘도 감동했는지 큰 수입을 얻을 수 있었다.

하지만 한 가지 알아야 할 것이 있다. 일반적인 부업은 사람이 그만두면 광고해서 다른 사람을 뽑으면 된다. 이런 부업은 아무리 해도 인생을 역전시키지 못한다. TM도 공부 없이 하게 되면 경쟁력이 없어지고, 수입도 안 되어 그만두게 된다. 따라서 TM을 하고 싶다면 반드시 열심히 공부해서 전문성을 쌓고, 누구도 이 일에 대해서 나를 따라오지 못하게 해야 한다.

TM을 공부하는 방법은 2장과 3장에 나오니 잘 참고해보기를 바란다. TM을 시작하면 처음에는 수입이 그리 좋지 못하겠지만, 공부하면서 점점 실력이 늘면 수입이 기하급수적으로 커지는 것이 TM의 특징이다. 그리고 무엇보다 배우는 것으로 시작해야지, 처음부터 돈 버는 것으로 설정하면 안 된다. 처음에는 돈을 생각하면 안 된다. 대부분 기본급 100~200만 원을 주기 때문에 생활비는 어느 정도 충족이 된다.

특급호텔 요리사들도 들어가기만 하면 탄탄대로가 열리니 1년 무보수로 일하겠다고 줄을 서는 사람들을 흔하게 찾아볼 수 있다. TM은 한번 공부를 잘해놓으면 하루 1건 하면 수입이 40만 원 정도 되니 금방 월 500만 원을 달성하게 된다. TM에 필요한 전문적인 지식과 멘트, 그리고 상담 스킬을 배우면 초보도 고소득자가 될 수 있다. 처음에는 수입이 100~200만 원 정도밖에 안 되겠지만, 이것도 다른 데서는 엄청나게 일해야 받을 수 있다. 하지만 여기서는 기본급으로 주니 보너스라고 생각하면 된다.

집에서도 가능한 직업

TM은 전문직, 고소득 직종이다. 집에서도 가능하고, 시간이 될 때 언제든지 할 수 있다. 정년도 없고 평생직장으로도 손색이 없다. 다만 초기에는 공부하는 시간을 가져야 한다. 잘만 배워놓으면 직장을 다니고 싶은데 그렇지 못한 분들에게는 최고의 부업이다. 아기가 태어난 지 얼마 되지 않는다거나, 몸이 불편하다거나, 자녀를 돌봐야 한다거나 하면 잠깐 일하는 부업으로도 가능하다.

TM을 하던 분들은 다른 직업을 알아보는 경우를 거의 보지 못했다. 이 직업을 선호하는 이유는 시간이 자유로우면서 고소득을 올릴 수 있기 때문이다. 내 수강생 중에는 부업 식으로 TM을 하는 분들과 직장에 나가서 사무실에서 TM 하는 분들로 나뉜다. 둘 다 장단점이 있지만, 상황이 어려운 분들에게는 무조건 재택근무를 추천해드린다. 대부분 처음에는 월급 150만 원 정도로 TM 업무를 시작한다. 그러다가 고객들과 상담하면서 점점 비법이 쌓이고 적응되면 나중에는 실력이 점차 붙는다. 그러면 하루 3~4건을 무난하게 달성하는 경지에 올라가게 되는 분들을 많이 봤다.

월 1,000만 원을 넘기고 연도 대상도 받은 96기 강○○ 님도 유명한 분이다. 이분도 처음에는 어렵고 힘들고, 센터가 문을 닫아 오갈 곳이 없고, 아무도 도와주지 않는다고 하소연하셨던 기억이 난다. 하지만 하늘이 무너져도 솟아날 구멍은 있다. 절대 현실 속 문제들에 넘어지지 말자. 요즘도 이분과는 자주 통화하면서 근황을 물어보는 편인데, 내 책과 유튜브를 보고 찾아오셔서 가장 먼저 이 말씀을 하셨다.

"출퇴근 업무는 내가 싫은 사람과 마주쳐야 하는데, 이건 그런 게 없어서 너무 좋아요. 집중하기도 좋고, 옆에서 크게 떠드는 사람도 없으니 최고예요. 또, 출퇴근할 때는 자녀들을 볼 시간이 없었는데 집에서 TM을 하면서 같이 있는 시간이 많아 너무 좋아요. 덤으로 돈도 벌게 되니 금상첨화네요!"

가족들과 함께하는 시간은 무척 소중한 시간이다. 크게 성공한 CEO들의 인터뷰를 보면, 평생 자신의 뒷바라지를 해준 배우자와 가족들에게 시간을 못 써서 너무 미안하다는 후회를 하는 것을 종종 보게 된다. 학교에 다니는 자녀들은 방과 후 학원에 가고, 배우자는 집안일하고, 저녁에 퇴근하면 거의 눈도 못 마주치는 현실이 일상이다.

TM을 시작하면 가족 간의 문제도 사라지고, 돈도 벌게 되니 인생의 큰 전환점이 될 것이라고 확신한다. 하지만, 두렵고 떨릴 수도 있다. 처음 보는 고객들과 상담해야 하는 두려움은 누구에게나 있다. 하지만 처음에만 그렇지, 좀 지나면 적응되어 오히려 가만히 있는 것이 더 심심하게 되는 시기가 온다. 앞서 말했던 61기 박○○ 님은 처음 TM을 시작할 때 좋은 선생님을 찾고자 전국을 다 뒤지고 돌아다녔다고 하셨다. 육아 중인 엄마였고, 생활고로 많이 힘들어하셨던 분이었다. 결국 2,000만 원이라는 월급을 달성하고 눈물로 나에게 감사 문자를 보내셨다.

성공학에서는 돈 버는 비법을 '인간관계'라고 정의한다. 자신을 끌어준 멘토를 찾고 열정적으로 비법을 다운로드받는 것이다. 그

   노후 걱정 없이 평생 월 500만 원 버는 TM 실전 비법

러면 남들이 멀리 돌아갈 때 매우 빠르게 성공하게 된다. 이 책을 보고 TM 상담을 잘해서 계약을 많이 하고, 억대 연봉을 받는 상담사가 되고 싶은가? 그렇다면 다음 사항을 기억하자.

① 전문가가 되면 통장에 돈이 계속 들어오게 될 것이다. 그 이유는 고객에게 인정받기 때문이다.
② 고객들은 잘 배운 전문가에게 계약하지, 초보자에게 계약하지 않는다.
③ 초보라면 조급해하지 말고, TM 센터에 입사해서 처음에는 생활비 정도만 벌면서 6개월 정도 공부하자.
④ 전문가를 만나 배우자.
⑤ 전문가들은 공짜로 자기 비법을 알려주지 않는다.

생각해보자. 자녀들에게 공부 잘하라고만 말하고 아무것도 안 해주는 부모와 좋은 선생님을 추천해주고 공부할 수 있는 환경을 만들어주는 부모 중 어떤 집의 자녀가 공부를 잘하게 될까? 공부하라는 말만 하면 잘하게 될 확률이 매우 낮다. 좋은 선생님을 붙여주는 부모가 최고의 부모다. 그 이유는 공부하기 싫어도 환경이 그 아이를 공부하게 만들기 때문이다. 부업으로 TM을 하고 싶다면 반드시 공부해서 나만의 무기를 만들어라. 그러면 고수익 부업으로 성공하면서 사고 싶은 것들을 다 살 수 있게 될 것이다.

돈을 버는 사람과
못 버는 사람의 차이

최근에 뉴스를 보다가 충격에 빠진 일이 있었다. 모든 국민이 즐겨 애용하는 당근마켓에서 부동산 거래를 하다가 3억 원을 사기당한 이야기였다. 나도 가끔 당근에 부동산이 올라와 신기해했던 기억이 있었는데 무슨 일인지 궁금해졌다.

신문 기사 내용은 이렇다. 대부분 피해자는 20~30대였고, 당근마켓에서 이사할 곳을 찾던 중 주변 시세에 비해 싼 집을 발견했다고 한다. 광고를 보고 "집을 보러 가고 싶다"라고 연락하자 "바쁘니까 알아서 방을 보고 가라"고 답했고, 집 출입문 비밀번호도 알려줬다. 문을 열고 들어가 실제 집도 확인하고 계약하려 하자 '전자 계약서'를 쓰도록 유도했다. 집주인의 주민등록증과 등기 사항도 보내줬다. 이후 계약금을 보냈다. 하지만 문제는 계약금을 보낸 뒤였다. 공인중개사인 줄 알았던 A씨는 연락이 뚝 끊겼다. 계약금은 돌려받을 수 없었다. 비밀번호는 어느새 바뀌어 있었다. 이렇게 사기당한 사람들의 총손해비용은 3억 원이 넘는다고 한다.

대체 왜 이런 일이 생겼을까? 짐작해보건대 공인중개사에게 줘야 할 중개수수료가 아까워서 부동산 직거래를 하기 때문일 것으로 생각한다. 중개수수료는 거래 금액과 지역마다 다르겠지만, 수도권 20평 아파트 기준 매매의 경우 법정 상한요율 0.4%가 적용되어 1건당 보통 100만 원에서 200만 원 안팎이며, 전세의 경우에도 상한요율 0.3% 적용으로 수십만 원에서 100만 원 이상이 되는 경우가 많다.

이 비용은 아파트 같은 부동산 거래 시 공인중개사들의 전문지식과 경험을 사는 돈이다. 이 부동산 물건에 하자가 있는지, 등기상 법적 문제가 없는지, 집주인과 대출 관련해서 안전하게 거래할 수 있는지 등 여러 도움을 받을 수 있도록 국가에서 제도적으로 만들어놓은 안전장치다.

이러한 비용은 나중에 부동산 매매 시 큰 차익을 볼 수도 있게 해주는 역할도 한다. 따라서 부동산 공인중개사에게 주는 약간의 비용은 절대 아까운 것이 아니다. 억 단위의 큰 부동산 물건도 안전하게 매매하게 해주는데 이 돈이 아깝단 말인가? 이 기사를 보고 TM에 대해서도 많은 생각을 하게 되었다. TM도 당근마켓에서 부동산 직거래처럼 하시는 분들이 실제로 많이 있다. TM 부업 알바 관련 광고를 보면 이렇게 적혀 있다.

"도전하세요. 초보도 월급 1,000만 원을 받을 수 있습니다."
"이번 달 1등도 3개월 전 위촉한 신입입니다."

“우리 센터 평균 급여는 500만 원입니다.”

알바몬이나 텔레잡 등에서 이런 광고문구를 본 적이 있을 것이다. 경험 없는 분들은 이 광고를 보고 바로 결정해서 콜업무에 들어간다. 그리고 조금 해보다가 고객들의 거절에 마음이 상하고, 무리한 영업 방침에 힘들다고 그만둔다. 실제로 나 또한 처음에 많은 고생을 했다. 관련 서적과 강의를 듣는 공부를 하지 않고 TM 업무에 무작정 덤벼드는 분들이나 몇 푼 아끼려고 하다가 부동산 사기를 당한 분들과 다를 게 무엇인가?

대면 영업을 그만두고 TM을 시작한 분

얼마 전 슬럼프에 빠져 힘들어하던 분이 찾아왔다. 대면 영업을 하시다가 TM으로 전환하고 싶어서다. 처음에는 좀 헤매시다가 나중에는 센터 5등을 달성한 115기 이○○ 님이다. 이분은 대면 영업을 6년 정도 하셨던 분이었는데, 콜센터 경력은 3개월밖에 되지 않았다고 하셨다. 협회에 오기 전에는 나가서 사람들을 만나서 계약했지만, 점점 비용도 많이 들고, 주는 것도 많아서 힘들던 중 코로나 사태가 터지게 되었다. 졸지에 비대면 시대가 도래하면서 그에 맞는 콜센터로 이직한 사례다.

‘상담에는 자신 있으니 해보자. TM도 까짓것 별것 없겠지’ 하는 마음에 본격적으로 TM 업무에 뛰어들어 3개월가량 콜을 이어갔다고 했다. 하지만 생각보다 훨씬 어렵더라며, 나를 찾아와 하소연했다.

“너무 충격입니다. 도와주세요.”

TM을 해보니 고객들은 대부분 듣지도 않고 끊어버리기 일쑤였고, 일주일에 계약 1건을 하기 어려웠다고 하셨다. 결국 내가 매주 하는 토요특강에 등록하셨다. 그래서 책도 무료로 증정해드렸고, 특강 후 일대일로 자세히 상담해드렸다. 나도 많은 분을 상담하지만, 상담 신청서를 내기 전에는 뭐가 문제인지 모른다. 그래서 개인적으로 전화 오는 분들은 무조건 특강을 신청해서 책도 무료로 받고, 신청서도 작성하시라고 말씀드린다. 이분에게도 상담을 진행해드렸다.

“선생님은 열정이 있으셔서 기초만 잘 쌓고 기술들을 잘 배우면 매일 2~3건은 충분히 하실 수 있으실 거예요. 대부분 열정만 있고 상담 방법이나 클로징 스킬 및 고액 계약 같은 비법을 모르기 때문에 일주일에 계약을 1건도 못 하고 적성에 안 맞는다고 퇴사하거든요. 적성은 만들어지는 겁니다. 지금은 세계적인 축구선수 손흥민 씨도 처음에는 힘들어했더라고요. 하지만 아버지가 시키는 특별훈련을 잘 소화하니 적성에 맞게 되었잖아요. 저에게는 수백 명의 TM 상담사분들을 가르친 노하우가 있습니다. 걱정하지 마시고 오셔서 배워보세요. 노후에 쓸 돈은 걱정 없도록 도와드리겠습니다.”

그리고 등록하셨고, 코칭이 본격적으로 시작되었다.

"작가님, 시키는 대로 하겠습니다. 저 좀 꼭 성공시켜 주세요!"

　무척 적극적인 태도에 '이분은 곧 센터 10등 안에 들어갈 것 같다'라는 예감이 들었다. 사실 2개월 정도 제대로 된 코칭을 받으면, 센터 10등 안 상위권으로 올라가는 경우가 많다. 특별히 회사가 이상하거나 상품이 아주 좋지 않은 이상 90% 이상은 잘되는 것 같다. 이분에게는 기초를 집중적으로 알려드렸다. 기초에 대해서는 3장과 4장에 자세히 나와 있으니 참고해보시면 좋을 것 같다.

월 500만 원이 되는
현실적인 수익구조

건당 40만 원을 받는 TM

콜센터에서 억대 연봉을 받기 위해서는 기초가 무척 중요하다. 스크립트 작성법, 좋은 회사(좋은 상품)를 고르는 방법 등이다. 뒤에 더 자세히 설명하겠지만 기초가 되면 매일 1건이 계약되고, 1건당 수입은 40만 원 정도가 된다. 그럼 한 달에 약 20일을 근무하기 때문에 월급은 평균 약 400~500만 원 정도가 된다.

교육은 기초가 완성되면 도망가는 고객을 잘 잡는 것이 기술이다. 그러면 하루 2건을 매일 계약하게 되고, 건당 40만 원이니까 2를 곱하면 하루 80만 원 수입이 된다. 그럼 한 달에 월급이 1,000만 원 정도에 육박하게 된다.

한 단계 더 업그레이드시키면 고액 계약 마스터하기다. 그러면 고객들의 보험을 잘 분석해서 건당 10~20만 원 정도 고액 계약을 하게 되면, 건당 5만 원일 때 수입은 40만 원이지만, 건당 20

만 원이면 수입은 160만 원이 된다. 그러면 월급은 2,000만 원이 넘어가게 된다.

대충 들으면 무척 어려워 보일 수도 있다. 하지만 단계별로 공부하면서 조급하지 않고 하루하루 최선을 다해서 해보면 생각보다 어렵지 않게 달성할 수 있다.

전국 1등을 달성한 116기 이○○ 님 인증 내용

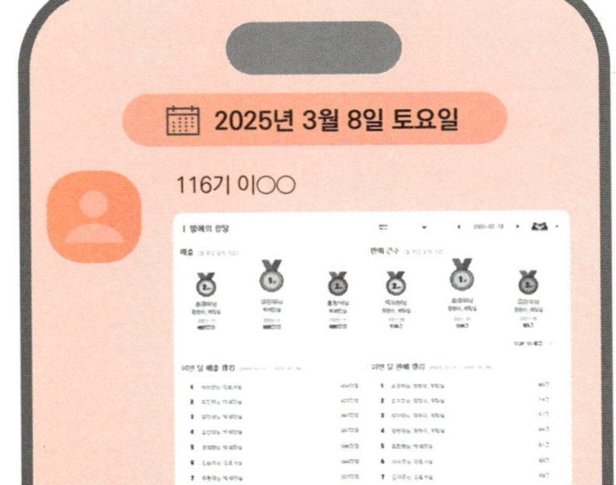

위 이미지의 주인공은 수강생 116기 이○○ 님이다. 이분은 2년 경력 TM 상담사였고, 소득은 하위권이었다. 상조, 보험, 건강식품 TM을 옮겨 다니시다가 어느 날 우연히 센터 1등의 소개로 나를 찾아오셨다. 7주 과정을 신청하고 본격적인 코칭이 시작되었다. 나는 건당 40만 원을 받는 TM의 기초를 알려주고, 매일 계약하는 법, 그리고 매일 3건 계약하는 법 등을 집중적으로 가르쳤다. 그 결과 대박이 터졌다. 나를 찾아와 절실하게 배우고자 하는 사람들은 거의 다 잘된다. 초보도 전국 1등을 한다. 이것은 기적이라고 할 수밖에 없다.

TM 월급 500만 원 이상이 되는 원리

1. 월급 100~500만 원 단계

TM 상담사로 일하고자 한다면 초기에 어떤 회사에 들어가고, 어떤 스크립트를 쓰느냐가 매우 중요하다. 내가 쓰는 스크립트와 회사가 완벽하게 본인과 맞는다면, 월급이 꾸준히 500만 원 정도 나오게 된다. 스크립트의 퀄리티, 상품의 경쟁력, DB의 컨디션 등에 따라 급여가 100만 원에서 500만 원 정도 왔다 갔다 하게 된다. 쉽게 말하면 스크립트의 퀄리티가 높을수록 고객들이 나의 상담에 귀를 더 기울이고 듣게 된다. 다양한 사례와 전문적인 멘트를 많이 넣으면 넣을수록 좋다. 많은 상담사가 대부분 대충 만든 스크립트를 사용하고, 상담 시 많은 문제가 생기는 것을 외부 탓으로 돌린다. "DB가 안 좋다. 회사 상품이 나쁘다"라고 한다.

만약 좋은 회사에 들어가고, 좋은 스크립트를 쓴다면 매일 1건 계약이 나온다. 대부분 신입 상담사분은 3개월 정도 적응 단계를 거친다. 처음 1~2개월은 뭐가 뭔지 모르고 정신없이 전산을 배우고 상품을 공부하다 보면 지나간다. 그리고 본격적인 상담이 시작되면 3~6개월 정도 업무에 투입된다. 대부분 여기서 기초가 튼튼한 상담사냐 아니냐에 따라 극과 극으로 나뉜다. 기초가 튼튼한 상담사들은 매일 계약이 나오고, 신나게 일할 여건이 조성된다. 반면에 기초가 없이 열정만 가지고 회사에 들어온 상담사들은 고객들의 질문에 제대로 답하지 못하고 적성에 맞지 않는 것 같다고 하면서 그만둔다. 대부분 초보 상담사는 6개월을 못 버티고 그만두는데, 그 이유는 기초를 완벽하게 숙달하지 않아서 그렇다. 내가 생각하는 TM은 장기전이다. 하루이틀 하고 그만두는 단기 아르바이트가 아니다. 시장에 가서 맛있는 사과나 귤이 하루 아침에 나오는 것이 아니듯 말이다. TM으로 돈을 벌고 싶다면 꼭 기억하자. TM의 성패는 초기에 내가 어떻게 하느냐에 달려 있다.

2. 월급 500~1,000만 원 단계

이제 기초 단계에서 마스터가 되면 TM 영업하는 데 자신감이 생기고, 일하는 게 즐거울 것이다. '이 정도면 됐어'라고 생각할 수도 있는 단계다. 하지만 센터 1등하고 억대 연봉을 받기 위해서는 한 가지에 더 숙달해야 한다. 월급을 850만 원 정도 받으면 1년으로 하면 약 1억 원 정도가 된다. 대기업에 10년 정도 다녀야 받을 수 있는 금액이다. TM 영업의 매력은 내가 정말 열심히 하면 그에 대한 보상은 두둑하다. 나이 들어도 나가라고 하는 법이 없고, 스펙이나 학벌을 보지도 않는다.

이제 월급을 2배로 하는 방법에 관해 이야기해보자. 간단히 말해 2배의 실적을 위해 공부를 시작해야 한다. 1명의 고객에게 예전에는 1건만 진행했다면, 이제 1명의 고객에게 2건 하는 단계로 올라가야 한다.

이상하게 많은 상담사가 콜타임을 2배로 하면, 월급이 2배로 올라간다고 생각한다. 큰 오산이다. 월급을 2배로 올려주는 것은 1건을 가입한 고객에게 1건을 추가하는 것이다. 쉽게 말하면 지금까지 한 가지 상품만 공부했다면 이제는 두 가지 상품에 숙달해야 한다는 말이다. 그리고 그 상품에 가입해야 하는 이유를 주제로 공부해서 고객들에게 이야기해주는 게 좋다.

3. 월급 1,000~2,000만 원 단계

월급 1,000만 원 이상의 상담사들의 특징은 대부분 센터에서 인정받는 능력자들이다. 실장님들과 센터장님들이 밀어주면서 특급대우를 해준다. 예를 들면 매달 200~300만 원의 시책금(월급을 제외한 보너스)을 따로 챙겨주며, 한 달 동안 수고했다고 격려금을 지원해준다. 월급 1,000만 원에 시책금까지 하면 벌써 월급이 1,300만 원 정도가 된다. 하지만 모든 센터가 다 시책금을 많이 주는 것은 아니다. 주방용품, 믹서기, 노트북 등을 주는 경우도 많다. 어떤 센터는 월 1,000만 원 급여자들에게 전용 의자를 최고급으로 구매해주는 경우도 봤다.

여기에 더해서 가끔 회사로 들어오는 인콜디비(상품 가입을 요청하는 고객)를 추가로 받는다면 월급은 이제 천정부지로 치솟는다. 그러면 월급이 많게는 2,000만 원이 넘는 경우도 많다. 콜센터에서 월급이 1,500만 원까지 가는 경우는 대부분 이렇게 센터에서 밀어주는 주인공이 될 때 가능하다. 항상 1등 하는 상담사들

은 뭔가 특별한 것이 있다기보다 실장님들과 센터장님들에게 인
정받으니 더 열심을 낸다.

어떤 분들은 이렇게 말한다.
"그냥 열심히만 하면 되는 것 아닌가요?"

자, 여러분들이 월급 1,000만 원을 받았다면, 그 돈을 주는 사람
들에게 항상 감사한 마음을 가져야 한다. 센터에 이바지하는 부분
도 있어야 한다. 약간의 노하우 공유나 신입사원들이 잘 정착할
수 있도록 돕는 일이다.

　노후 걱정 없이 평생 월 500만 원 버는 TM 실전 비법

너 같으면 이 상담을 듣고 계약하겠니?

월급쟁이 마인드를 버려라

지금으로부터 약 17년 전, 처음 TM 콜센터에 입사해서 합격 통보를 받고 신나서 기뻐했던 기억이 난다. 신기한 점은 내 출생지가 서울 신촌 세브란스 병원인데, 처음 일하게 된 TM 콜센터도 서울 신촌 근처였다. 우연의 일치라고 하기에는 너무 운명적인 게 아닌가 싶다.

암튼, 운명적으로 TM이라는 직업에 발을 들이면서 신나서 꿈에 부풀어 콜센터 일을 시작했다. 그리고 얼마 지나지 않아 많은 후회를 했다. 아무것도 공부하지 않고 그냥 회사에서 시키는 대로 DB를 받아 콜을 돌렸다. 처음에는 열정 때문인지 계약이 좀 잘 나왔다. 하지만 조금 지나니 '내가 여기 왜 앉아 있지?' 하는 생각이 들었다. 아는 것이 별로 없고 경험도 없다 보니 앵무새처럼 고객들에게 똑같은 말만 반복하는 내 자신을 발견하게 되었다. 방황하면서 적성 타령을 하며 그만둘 고민도 하게 되었다. 심각한 상황이었다. 그때 계약을 잘하는 선배의 조언이 머리를 때렸다. 평소에 밥도 잘 사주셨고, 비결도 간간이 알려주시던 참 고마운 분이셨다.

"네가 상담한 콜을 들어봐. 너 같으면 이 상담을 듣고 계약하겠니?"

그때 알게 되었다.
'아, 돈을 벌려면 내가 가입하고 싶을 만큼 내 상담의 퀄리티가 중요하구나.'

나는 공부하지 않아서 엄청나게 고생했다. 매일 출근해서 그냥 회사에서 시키는 대로만 열심히 하다 보니 하루 3시간을 상담하는 데 목도 아프고, 계약은 0건이었다. 몇 년 동안 그렇게 하다 보니 남는 것은 지친 몸과 빈털터리가 된 내 통장뿐이었다. 잘하는 상담사들은 저렇게 한 달에 월급 1,000만 원씩 버는데 나는 왜 이럴까 싶었다.

지금 와서 생각해보면 월급쟁이 마인드로 성공하려고 했기 때문이었다. 나 자신을 하루하루 1단계씩 발전시키고 계발하려고 하지 않았다. 항상 돈 걱정을 했고, 결혼도 해야 하는데 집도 없다고 신세만 한탄하면서 하루하루 살았던 기억이 난다. 그때 나는 억대 연봉 상담사가 되겠다는 열정과 의지만 강했다.

퇴근할 때는 배가 엄청 고팠는데, 돈이 없다 보니 편의점에서 핫바나 간단한 빵으로 끼니를 때우는 날도 많았다. 또, 다음 날에 출근해서 고객과 3시간을 상담하고 계약할 것이라는 뜬구름 잡는 생각을 가지고 잠자리에 드는 날이 많았다. 노력은 하나도 없었고, 공부도 귀찮아서 하지 않았다. 그냥 열심히만 했다. 사실 예전에는 이런 양질의 책도 없었거니와 알려주는 선배님도 없었다. 다들 자기 실적을 올리기에 바빴다. 만약, 이렇게 좋은 책들이 그때 있었다면 나는 지금보다 훨씬 더 잘되지 않았을까 생각해본다. 지금은 TM 하기 정말 좋은 환경이다. 책과 유튜브로도 많은 공부를 할 수가 있고, 강의도 제법 잘되어 있기 때문이다.

자기 계발 마인드로 바꿔라

회사에서 시키는 대로 해서는 TM에 성공하기 힘들다. 내가 스스로 공부하고, 안 되는 부분은 찾아내서 다시 고치고 또 시도하는 노력이 필요하다. 월급쟁이 마인드가 아니라 자기 계발 마인드가 있어야 한다. 공부는 두 가지 종류가 있는데, 한 가지는 혼자 공부하는 것이고, 또 한 가지는 돈을 주고 배우면서 공부하는 방법이다. 두 가지 중 본인이 편한 것으로 선택하면 된다.

혼자 공부하는 것은 시간이 좀 오래 걸리고, 잘못된 방법으로 공부하면 영영 억대 연봉 TM 상담사가 되기 힘들다는 단점이 있다. 장점은 비용이 안 들어가는 것이다. 반면 전문가를 찾아가 비용을 지불하고 공부하면 단점은 돈이 들고, 장점은 열심히 잘 배운다면 억대 연봉 TM 상담사가 될 확률이 매우 높다는 것이다. 공부는 전적으로 본인의 의지와 열정에 달린 부분이다. 운전 면허 시험도 어떤 사람은 열 번 만에 합격하고, 어떤 사람은 한 번에 붙는 것을 보면 그렇다. 내 경험에 의하면 열정과 의지가 강하다면 TM 센터에서 성공할 확률은 거의 100%에 가깝다.

대부분 TM을 하는 센터들은 DB를 사서 하는 경우가 많다. 나는 개인적으로 이런 곳은 추천하지 않는다. 그 이유는 월급을 받아 생계를 유지해야 하는 프리랜서 직업인데, 지출이 많아지면 부담되어 오래 일하지 못하기 때문이다.

3개월은 꼭 공부에 투자하기를 바란다. 내가 좋아하는 작가 중에 이노우에 히로유키(井上弘之)가 있다. 이분이 집필하신 책이 많이 있는데 거의 소장하고 있다. 일이 힘들고 지칠 때마다 꺼내 읽어보는데, 힘이 나고 즐겁다. 이분은 치과의사이자 심리치료사이며, 도쿄 치과대학을 졸업한 뒤 뉴욕대학교에서 최고 수준의 의학을 공부하신 분이다. 10명의 직원으로 연간 4억 엔의 매출을 올리는 성공적인 병원장으로서도 인정받고 있다. 이분의 책 중에서 《배움을 돈으로 바꾸는 기술》이라는 책을 가장 좋아하고, 지금까지 열 번 이상 읽은 것 같다. 그는 이 책에서 "설마 돈이 없다는 이유로 공부를 못한다는 분은 없겠지요? 하지만 세상에는 배울 기회를 눈앞에서 놓쳐버리는 사람들도 적지 않습니다. 저는 그런 사람들에게 '대출해서라도 배우세요'라고 충고합니다. (중략) 자신을 향상하기 위해 사용하는 돈이나 사업 확장, 발전을 위해 사용하는 자금은 장래를 실현하기 위한 진취적인 대출로서 긍정적인 대출이라고 할 수 있습니다"라고 말했다.

   노후 걱정 없이 평생 월 500만 원 버는 TM 실전 비법 ·)

어느 분야라도 성공하는 사람들은 공통으로 하는 말이 있다.

"전문가가 되기 위해 노력하라."

혼자 하지 말고, 돈이 없다면 빌려서라도 배우라고 말씀드리고 싶다. 이 말을 하는 이유는 내가 열심히만 하다가 망해본 장본인 이기 때문이다.

대체 불가능한 사람은
노후 걱정이 없다

회사에서 꼭 필요한 사람이 되라

TM으로 돈을 많이 벌고 싶다면 먼저 다니고 있는 센터에서 꼭 필요한 인재가 되려고 노력해야 한다. 내가 좋은 것을 센터 구성원이나 고객들에게 줄 때 그 대가로 돈이 돌아오는 것이다. 아무것도 주지 않고, 받으려고만 하는 생각은 빨리 바꿔야 한다. 먼저 베푼다는 생각이 중요하다. 내가 월급이 100만 원이라도 실장님과 센터장님들에게 먼저 커피 한 잔을 건네는 습관이 중요하다.

곰곰이 잘 생각해보자. 예를 들어 아이가 용돈을 받아 부모님께 치킨을 사다 드린다고 해보자. 그 부모가 돈이 없어서 아이가 사주는 치킨을 얻어먹는가? 아이의 따뜻한 마음에 감동하기 때문에 앞으로 아이에게 용돈을 올려주든, 좋은 옷을 사주든, 장난감을 더 사주든, 뭐라도 다시 더 좋은 것으로 선물할 것이다. 중요한 점은 그 아이가 부모에게 받고자 하는 마음이 없이 순수한 마음으로 대접하는 것이다. 뭔가를 바라고 하는 것은 티가 나고 싸구려처럼 보인다.

"저 상담사는 우리 센터에 꼭 필요한 사람이야!"

이런 이야기를 듣고 싶다면 어떻게 해야 할까? 현대 마케팅의 천재로 불리며, 전 세계에 영향력을 미친 세스 고딘(Seth Godin)은 《보랏빛 소가 온다》 등의 저서로 유명한 작가다. 최근 그는 《린치핀》에서 삶과 직업에서 '대체 불가한 존재'가 되라고 강조했다. 린치핀(Linchpin)은 기계에서 중요한 축을 고정하는 작은 핀을 의미한다. 우리는 TM에서 꼭 필요한 사람, 즉 대체 불가능한 핵심 인재가 되어야 한다. 신입이 들어오면 잘 돌봐주고, 계약도 잘하면서 센터장님과 실장님에게 도움이 되는 상담사가 되어보자.

예전에 연봉 3억 원을 받는 분과 같이 식사할 기회가 있었다. 그분을 보고 많은 상담사가 TM을 시작하게 되었다. 좋은 비결도 공유해주셔서 마치 "저 상담사 1명이 회사 1,000명을 혼자 먹여 살리고 있다"라는 이야기도 주변에서 들려왔다. 그냥 마지못해 회사에 출근하는 상담사와 기운부터 다른 느낌이었다.

월등한 성과를 내는 전략의 비밀

TM에서 린치핀이 되려면 어떻게 해야 할까?

첫째, 일반적인 성과가 아니라 월등한 성과를 내는 전략을 연구해야 한다. 스크립트도 일반적인 스크립트가 아니라, 월등한 성과를 내는 스크립트로 바꾸는 작업을 해야 한다. 목소리도 일반적인 목소리가 아니라 전문 상담사의 목소리가 나오도록 노력해야 한다. 이것은 마치 어린아이가 수능시험을 보는 것과 같이 어려운 일이라고 생각될 수도 있다. 내가 2019년부터 많은 수강생을 가르쳐 본 결과, 2~3개월이면 초보도 능수능란하게 상담하는 전문 상담사가 되는 것을 많이 경험해봤다. 초보자도 도전해보길 권하는 이유다. 처음 TM을 시작하면 전문가 느낌이 나도록 목소리 톤이나 발음, 멘트를 공부하는 데 돈을 좀 쓰기를 권해드린다. 혼자서도 잘하는 분들은 필요 없겠지만, 못하는 분들이나 오래도록 건당 40만 원 받는 TM으로 평생 생활비를 해결하고 싶다면 투자해보자.

입장을 바꿔 생각해보자. 여러분이 고객이라면 초보 티 나는 상담사에게 전화를 받고 가입하겠는가? 물론 그런 고객들도 아주 가끔 있다. 하지만 내가 대한민국 최고의 전문가가 되고 싶다면, 많은 사람을 성공으로 끌어준 전문가에게 가서 돈이 좀 들더라도 배워야 한다. 그러면 사용한 돈의 2배에서 많게는 100배까지 이익을 거둘 수 있을 것이다.

많은 상담사분이 오늘도 계약을 1건도 못 하고 집에 퇴근하고 있다. 참 가슴 아픈 일이 아닐 수 없다. 앞서 이야기한 이노우에 히로유키의 말처럼 공부하고 싶은데 돈이 없다는 것은 핑계다. 여러분이 진짜 배우고 싶은 분야가 있다면, 너무 크지 않은 선에서 대출해서라도 배우라고 말씀드리고 싶다. 이때 중요한 것은 제대로 검증이 된 전문가를 만나야 성공한다는 것이다. 잘 알아보고 가야 한다. 그런 사람을 알아보는 것도 내가 가진 복이다. 백만장자들은 '돈은 나의 기술이나 능력을 업그레이드하는 데 사용되어야 한다'라고 생각한다. 하지만 가난한 사람들은 자신의 발전에 거의 돈을 사용하지 않는다.

주변을 잘 둘러보라. 만약 가난한 친구가 있다면 그 친구가 돈을 어디에 쓰는지 보라. 대부분 책이나 강의에 돈을 쓰기보다 엉뚱한 곳에 쓰는 것을 볼 수 있을 것이다. 돈을 잘 사용해야 부자가 된다. 아무거나 사고 싶다고 다 사용해버리면 절대 큰 부자가 될 수 없다.

둘째, TM을 잘하는 상담사들의 습관을 배우는 데 비결이 있다. 그 속에 억대 연봉을 받는 방법과 TM으로 성공하는 방법이 다 들어 있다. 나보다 훨씬 생산적인 직원을 연구해야 한다. 출근 시간, 퇴근 시간, 일하는 시간부터 해서 식사는 어떻게 먹고, 화장실은 하루에 몇 번 가는지까지 연구하자. 그리고 훨씬 생산적으로 되기 위해 돈을 잘 사용해야 한다. 돈을 사용할 때는 반드시 나에게 단돈 10원이라도 수익을 주는 곳에 써야 한다. 예를 들어 내가 카페를 차렸다고 하자. 그러면 좋은 커피추출기를 사는 것은 낭비가 아니라 수익을 올려주는 투자다. 사진관을 차렸다면 좋은 카메라를 사는 것은 낭비가 아니라 더 좋은 사진을 찍게 하는 데 도움을 주므로, 수익을 올려주는 투자가 된다. 내가 TM 영업을 시작했다면 비법 기술을 배우는 것은 낭비가 아니라 더 많은 실적을 할 수 있도록 도움을 주므로 수익을 올려주는 투자가 된다.

돈 걱정을 줄이는 규칙

나는 〈한국텔레마케팅코칭협회〉를 운영하면서 수강생들에게 자기 관리를 철저하게 해야 한다고 자주 말한다. TM으로 돈을 많이 벌어도 자기 관리가 안되면 한순간에 모아놓은 재산이 날아가기 때문이다. 사람들은 갑자기 큰돈을 벌면 차를 바꾸고, 명품을 산다. 절대 그러지 말라고 조언한다. 그 이유는 저축 금액이 점점 올라가야 내가 일할 맛이 나는 것이지, 안 그러면 금방 지치고 힘들면 그만두게 된다. 힘들 때 큰 버팀목은 TM으로 모아둔 돈이다.

그리고 자기 관리에 좋은 추천 도서를 많이 읽으라고 독려한다. 내가 돈이 없을 때 많이 봤던 책이 데일 카네기(Dale Carnegie) 책이다.《데일 카네기 자기 관리론》에는 돈 걱정을 줄이는 규칙에 관한 이야기가 있다. 이 책을 보고 어떻게 돈 걱정 없는 TM 상담사가 될 수 있는지 큰 도움을 받아서 정말 고마운 책이다. 출퇴근 시 거의 매일 봐서 외울 지경이 되었다. 돈 걱정을 하는 분들이라면 꼭 읽어보기를 바란다. 이 책에 보면 이런 부분이 있다.

〈돈 걱정을 줄이는 규칙〉

　1. 사실을 기록한다.

　2. 자신의 필요에 맞게 예산을 짠다.

　3. 현명하게 소비하는 법을 배운다.

　4. 소득이 늘어났다고 해서 두통까지 늘지 않도록 주의한다.

　5. 대출을 대비해서 신용을 쌓는다.

　6. 질병, 화재, 긴급 상황에 대비해 보험을 든다.

　7. 생명 보험금이 아내에게 현금으로 지급되지 않도록 한다.

　8. 도박은 절대로 하지 않는다.

너무 중요한 내용이라 이 규칙과 관련해 좀 더 자세하게 설명하겠다.

1. 사실을 기록한다

나는 TM을 시작할 때 돈이 한 푼도 없었다. 그때 재정 상태를 노트에 적어봤다. '대출 ○○만 원, 예금 ○○만 원, 적금 ○○만 원.' 실제로 적어보니까 머리로만 그냥 힘들다고 생각했던 것들이 말끔하게 정리가 되었다. 내가 300만 원만 매달 꾸준히 벌면 대출도 다 해결되고, 생활비도 해결될 것이라는 꿈이 생겼다. 그리고 목표를 달성하기 위해 계획을 세웠다. 자신의 재정 상태(사실)를 기록하는 것은 매우 부끄러운 일이다. 실천하기 쉽지 않을 것이다. 하지만 실제로 해보니 자신감도 생기고, 목표도 생기게 해주는 좋은 습관이었다. 사실을 기록하라. 카네기의 말이 빛을 발하게 될 것이다.

지금도 나는 매달 지출 내용을 다 노트에 적어본다. 그러면 어디에 얼마만큼 지출이 되었는지 훤히 다 보이고, 다음 달부터는 어떻게 돈을 관리하고 분배해야 하는지 정확히 알 수 있게 된다. TM 하시는 분들은 꼭 자신의 재정 상태를 매달 적어보기를 권한다. 많이 버는 것도 중요하지만, 내가 얼마나 관리를 잘하느냐에 따라 억대의 돈이 모이기도 한다는 것을 깨닫게 되었다.

한번은 지출이 너무 많아서 왜 그런가 하고 살펴봤더니 지난겨울에 패딩을 몇 개를 구매했음에도 이번에 또 패딩을 구매했기 때문이었다. 가족들 것까지 해서 약 100만 원 정도는 안 써도 되는 돈을 써버린 것이다. 안 입는 패딩은 부모님이나 친척들에게 깔끔하게 드라이클리닝을 해서 드리기도 한다. 매달 지출 내용을 잘 설계하지 않는다면, 안 사도 되는 물건들을 계속 사면서 많은 돈을 버리게 된다. 꾸준하게 매달 돈을 어디에 지출하는지 사실을 기록하면 돈이 모이게 될 것이다.

2. 자신의 필요에 맞게 예산을 짠다

돈은 꼭 써야 하는 곳에 써야 한다. 특히 돈이 불어나는 곳에는 무조건 써야 한다. 어떤 부자가 강의에서 이야기한 내용이 기억난다.

"지금은 내가 번 돈으로 먹고살지만, 나중에는 내 자산이 일을 해서 먹고살게 해야 한다."

수천억대 자산가이고, 베스트셀러 《돈의 속성》의 저자인 김승호 회장님이 한 말이다.

나는 10년 동안 지키고 있는 습관 한 가지가 있는데, 그것은 매달 수입의 10%는 꾸준히 배우고, 책 사고, 강의 듣는 곳에 쓰고 있다는 것이다. 강의는 부동산도 있고, 마케팅도 있으며, 운동하는 것도 포함된다. 대부분 사람은 강의를 듣고, 책을 사는 데 돈을 쓰지 않고 성실하게 일하면 다 잘될 것으로 생각한다. 그런 생각은 노후에 자멸하는 길이다. 예를 들어 TM을 공부하는 것에 쓴다든지, 부동산이나 주식에 관한 강의는 노후를 풍요롭게 해주는 버팀목이 된다. 우선은 TM이라는 평생직장을 배우는 것이 먼저가 되어야 한다. 그러면 수입이 꾸준히 들어오고 저축도 하면서 부동산이나 주식도 살 수 있는 능력이 되는 것이다. 매달 수입의 10% 정도를 맞춰놓고, 미래의 나에게 돈을 가져다줄 것에 관한 공부를 해보자.

많이 벌기만 하고 제대로 필요에 맞게 예산을 짜놓지 않으면, 억대 연봉이라고 해도 나중에 노후에 큰 문제가 생긴다. 일하지 못하는 날은 누구에게나 찾아오는데 그때 땅을 치고 후회하게 된다. 만약 지금 수입이 없는 분들이 계신다면, 내 수입을 늘려줄 강의나 책을 사는 노력을 실천해보시기를 바란다. 농부가 농사를 짓는

데 씨앗을 아까워하면 큰 결실을 기대할 수 없는 것처럼, TM으로 돈을 벌기 위해서는 혼자의 노력으로 잘 안된다.

추천하는 루틴은 월급의 10%를 저축하고, 10%는 전문지식을 배우는 데 투자하라는 것이다. 경험자로서 말씀드리는 것이다. 나는 이 루틴으로 돈을 많이 벌게 되었다. 지금 돈이 없고 힘들다면 꼭 실천해보기 바란다. 조심해야 하는 부분은 저축이 너무 많은 것도 좋지 않고, 너무 많이 투자하는 것도 좋지 않다. 저축이 너무 많으면 삶이 정체된다. 돈을 쓰면서 기름을 넣어주면 차가 달리듯 자신에게 기름을 넣어주면서 인생이라는 고속도로를 멋지게 달려야 한다. 하지만 저축이 너무 많으면 물 주지 않은 화초처럼 말라비틀어진 삶이 된다. 자신이라는 화초에 물을 주고 거름을 주자. 점점 시간이 지날수록 발전하는 자신을 보면서 뿌듯함이 생길 것이다.

TM으로 성공하는 간단한 방법은 내가 전문가가 되는 것이다. 그러면 고객이 나를 인정하고, 내 빚더미와 돈 문제가 다 해결된다. 고객들에게 좋은 것을 줄 때 고객들이 내 문제를 해결해준다. 슬픈 일은 대부분 센터가 전문가가 되는 비법은 알려주지 않고, 실적을 올리라고만 이야기하는 곳이 많다. 사실 TM 센터는 부자로 만들어주는 곳이 아니다. 비법을 다 알려주는 곳도 아니다. 대학의 수능시험을 잘 보기 위해 학원들이 존재하는 것과 같다. 학교 교육으로는 다 되지 않기 때문에 입시학원이 많이 생기는 것이다. TM도 센터 교육만으로는 되지 않는다. 반드시 족집게 강의를 찾아 들어보라. 이 직업은 잘만 하면 하루 1건만 해도 매일 수입이 40만 원 정도 되기 때문에 한 달에 10건만 해도 월급이 400만 원을 넘는다. 노후 걱정도 없는 최고의 직장이다. 이런 고급 비법은 돈 주고 배워도 그 돈 이상으로 벌게 되기 때문에 최고의 재테크가 된다. 돈 아까워하지 말고, 자신에게 투자하라. 반드시 노후는 돈 걱정 없이 살게 될 것이다.

3. 현명하게 소비하는 법을 배운다

TM으로 돈을 벌었다면 돈을 쓰는 방법을 알아야 한다. 어렵게 번 돈을 쉽게 쓰면 안 된다. 카네기의 말처럼 현명하게 소비하는 법을 배워야 한다. 매달 지출에 대해 예산을 잘 짜보자. 생활비, 자기 계발비, 저축비, 공과금 등 무조건 많이 버는 것이 아니라, 많이 벌면서 자산을 만들어가게 하는 것이 진짜 일을 잘하는 상담사라고 볼 수 있다. 1년 연봉이 5,000만 원이라고 한다면, 10%인 500만 원은 내 수입과 직결된 책과 강의에 써야 한다. 이것이 현명하게 소비하는 방법이다. 만약 대부분의 수입을 저축하게 되면 어떻게 될까? 저축 금액은 늘어나겠지만 발전이 없을 것이다. 차가 앞으로 나가지 못하는 이유와 같다.

TM 성공법도 현명하게 소비하는 법을 알 때 가능하다. 차에 기름을 넣으면 앞으로 나가듯이 내 인생도 기름을 넣어야 억대 연봉으로 가게 된다. TM 수입이 매달 150만 원이라면, 이 상담사는 자신에게 기름을 넣지 않았기 때문이다. 생각을 바꿔 공부와 투자를 시작해보라. 연봉이 5,000만 원에서 7,000만 원, 8,000만 원으로 올라가게 될 것이다. 현명하게 소비한 사람들은 이렇게 자신의 연봉을 올린다. 내가 처음 직업을 선택할 때 여기저기 면접을 많이 보고 다녔다. 4대 보험이 되는지, 기본급은 얼마인지, 회사에 입사 시 혜택은 뭔지, 50군데 정도 알아봤지만 내 인생을 확실하게 바꿔줄 만한 포인트는 찾지 못했다. TM은 잘만 배우면 월급 500만 원 이상도 가능하고, 내 집 마련이라는 꿈을 이루어 줄 만한 많은 조건을 갖추고 있었다. 나는 이런 직업을 만난 것이 천운이라고 생각한다. 현명하게 소비하는 법을 알면 TM 하면서 연봉이 많이 올라가게 될 것이다.

4. 소득이 늘어났다고 해서 두통까지 늘지 않도록 주의한다

나는 이 말에 절대적으로 공감한다. 카네기는 사람의 고민거리에 대해 정곡을 콕 찍는 독특한 재주가 있는 것 같다. 소득이 늘면 두통도 늘어나게 되는 것이 정설이다. 많이 벌기 때문에 그만큼 머리가 아픈 것이 사실이다. 그래서 멘탈 관리, 스트레스 관리가 꼭 필요하다. 꼭 하루 1시간은 운동을 통해 자신의 체력을 올려줘야 한다. TM은 하루 종일 앉아 있는 시간이 많다. 그래서 업무가 끝나면 반드시 외부 활동이나 산책 및 여러 운동들을 통해 신체를 단련해줘야 오래 일할 수 있게 되고, 두통이 생기지 않게 된다. 현대인들의 가장 큰 문제는 돈을 많이 못 버는 것이 아니라 돈을 벌면서 건강을 해치는 일이다.

5. 대출을 대비해서 신용을 쌓는다

이 부분에 정말 공감한다. 예전에 가족이 큰 수술을 해야 하는 일이 생겼는데, 그때 대출로 급하게 수술비를 마련한 적이 있다. 이때 신용을 평소 잘 관리해둔 것이 큰 도움이 되었다. 수술에도 해당하지만, 내 수입을 늘리는 곳에도 동일하게 큰 효과를 볼 수 있다. 내가 평소 현금을 많이 모으는 것도 중요하지만, 신용 관리를 잘해두면 작게는 몇백만 원에서, 많게는 수천만 원까지 빌려 쓸 수 있다. 신용이 높으면 높을수록 인생을 더 잘살게 되는 것이다. 현금이 없어도 신용을 쌓아두자. 신용이 돈이다. 반대로 신용은 나쁘고 현금이 많은 사람도 좋겠다고 생각하겠지만, 나는 아니라고 본다. 아무리 현금이 많아도 지렛대의 원리를 알아야 한다. 신용이 좋으면 몇억 원도 빌려주는 세상이니 말이다. 신용 관리의 핵심은 돈을 잘 갚는 것이다. 그러면 신용이 쌓이고, 나중에는 집을 살 때도 유용하게 쓰인다. 내 집 마련을 못했는가? 그러면 저축이 아니라 신용 관리에 집중하자.

나는 TM 일하면서 배우고 싶은 것이 있을 때 몇백만 원짜리 강의도 마다하지 않고 들었던 기억이 난다. 내가 강의를 선택하는 기준은 낸 돈의 2배 이상을 벌 수 있는가, 하는 것이다. 만약 그렇다면 1초의 생각도 하지 않고 그냥 결제해버린다. 평소 신용을 잘 쌓아두면 이렇게 좋은 기회가 왔을 때 큰 도움을 받을 수 있다. 내 수강생 중에도 신용카드를 잘라버린 분이 계셨는데 다시 만들어서 24개월 할부로 결제하고, 나의 강의를 들었던 분이 계신다. 그분은 지금 월 2,000만 원의 소득을 벌고 있다. 몇 배의 수익인가? 1년에 2억 원 넘게 벌면 수백, 수천 배를 가져가는 것이 아닌가? 그래서 어떤 수강생은 남편 카드를 사용해서 강의 신청하는 분도 있다. 정말 돈이 필요할 때를 위해 평소 신용 관리를 잘해두면 큰 도움을 받을 수 있다.

6. 질병, 화재, 긴급 상황에 대비해 보험을 든다

내 가족 중 한 분은 퇴직 후 택시 운전을 오래 하셨는데, 갑자기 폐암으로 큰 수술을 받게 되셨다. 평소 보험을 안 좋아하셔서 자녀들과 배우자분이 모든 치료비용을 감당해야 했다. 족히 1억 원은 넘는 항암치료와 수술비를 내느라 가족이 완전 녹초가 되었다는 소식을 들었다. 나는 보험은 두 종류가 있다고 생각한다. 나와 가족이 도와줄 수 있는 부분은 보험이 필요 없다고 생각한다. 예를 들면, 일하다 손가락을 다쳐서 수술비가 몇십만 원이 나왔다고 해보자. 그러면 친구나 가족에게 도움을 요청하면 흔쾌히 들어 줄 수 있다. 하지만 암 수술이나 심장 수술, 뇌 수술 같은 큰돈이 들어가는 질병은 꼭 보험을 들어놔야 한다. 한번 수술하는 데 몇천만 원이 들고, 재발하면 여러 번 수술하는 심장 수술 같은 경우에 친구에게 전화하면 도움을 받을 수 있겠는가? 지인에게 전화하고, 가족에게 전화해도 당장 도와줄 수 없다는 대답만 돌아올 뿐이다. 이런 큰일로 가족은 큰 시련을 겪게 된다. 가진 것을 몽땅 다 팔아서 치료비를 대고, 학업도 포기하며, 어느 한순간 길바닥에 나와야 할 수도 있다. 자녀의 미래를 완전히 망칠 수도 있는 큰 질병들은 꼭 보험을 통해 준비해둬야 한다. 이런 고액의 치료비는 보험사의 도움을 받아야 한다. 중요한 점은 건강할 때 준비해둬야 한다. 나이 들어 병력이 있으면 가입이 안 되기 때문이다.

그리고 비싸게 많이 가입하는 것보다 내 수입의 10%를 넘어가지 않는 선에서 가입해두면 좋다. 어떤 분은 보장이 많다고 갱신형만 잔뜩 가입을 해놓는데, 내 생각은 다르다. 보험은 진단이 많이 걸리는 연령대가 있다. 특히 3대 질병은 갱신형과 비갱신형을 적절히 섞어서 질병에 많이 걸리는 50~70대에 집중 보장으로 해놓으면 좋다. 또 회사도 중요하다. 무작정 싸다고 좋은 게 아니다. 재정 능력이 튼튼한 대기업을 추천해드린다. 아무리 싸도 회사가 무너지면 어떻게 하는가? 어떤 분은 보험을 들어놓고 "돈을 못 받으면 어떻게 하냐?"라고 물어보는 분도 계신다. 나는 그런 분들에게 "20년간 납부하고 한 푼도 못 받았다면, 20년 동안 경호원이 나를 지켜줬는데 사고가 없었으니 천만다행이네요"라고 말씀드린다. 무턱대고 많이 가입하기보다 현명하게 들어놓으면 나중에 큰 도움을 받을 수 있다.

7. 생명 보험금이 아내에게 현금으로 지급되지 않도록 한다

카네기에 따르면, 남편이 사망하면 아내에게 지급되는 보험금이나 연금을 한 번에 현금으로 받는 경우, 대부분 빈털터리가 되는 경우가 많다고 한다. 그 이유는 돈을 다루어보지 않은 사람에게 큰돈이 갈 경우, 주변에 사기꾼들이 득실거리기 때문이다. 2배 이상 수익을 준다는 말에 속아 상속받은 전 재산을 날리는 경우도 있다. 항상 사기당하는 사람들은 고수익에 속아 넘어간다.

"당신은 아무것도 하지 마세요. 고수익을 보장해드립니다."

전형적인 사기꾼들이 하는 말이다. TM 일도 마찬가지다. 조심해야 하는 부분이다. 절대 그냥 얻어지는 것은 세상에 없다. 이것만 기억해도 평생 사기당하는 일은 없을 것이다.

TM이라는 직업은 잘하면 갑자기 큰돈을 벌게 되기 때문에 자금관리에 매우 조심해야 한다. TM은 1건만 달성해도 수입이 40만 원 정도 되다 보니 내 주변에 월급이 매달 3,000만 원이 넘는 분들이 상당수 계신다. 그분들 중 사업을 하거나 카페를 하다가 빚만 지고 파산하는 경우를 자주 봤다. 그 이유는 평생 TM 일만 했으니 세상 물정을 모르고 사기꾼들에게 당하는 것이다. 대부분 꼬임에 당하는 타깃은 순수하고 착한 사람들이다. 법이 없어도 사는 사람들에게 사기꾼들이 돈 냄새를 맡고 접근한다.

나의 경우 수입의 50%는 일단 예금통장이나 적금통장에 넣어놓는다. 수입이 많은 달도 있지만, 적은 달도 분명히 있기 때문이다. TM은 DB의 영향과 경기를 타는 경우가 많다. 따라서 자금관리는 평생 일할 수 있게 해주는 결정적인 열쇠 역할을 한다. 예를 들어 이번 달에 1,000만 원을 벌었다면 500만 원은 수입이 적은 달을 위해 예금통장에 넣어놓는다. 자금관리는 TM에서 생명이니 꼭 잘 관리해서 성공하는 TM 상담사가 되길 바란다.

8. 도박은 절대로 하지 않는다

〈PD 수첩〉에서 정선 카지노 주변에 횟집 활어차, 개인 승용차, 수입차 등 저당 잡힌 차들이 즐비한 것을 본 적이 있다. 카지노 주변 전당포에서는 타고 온 차나 휴대전화를 맡기고 돈을 빌려 가서 도박하는 사람들을 보면, '강을 건넜구먼. 이 사람은 다시 집에 돌아가지 못하겠구나'라고 생각한다고 한다. 어떤 사업가는 자신의 회삿돈 360억 원을 도박에 투자했다가 망하고, 이후 도박 방지 위원회를 만들어 도박이 질병임을 널리 알리는 데 힘을 썼다. 또한, 강원랜드 VIP룸에는 연예인을 비롯한 유명인들도 자주 오는데, 우리가 상상도 하지 못하는 수백억 원 정도의 금액을 도박으로 잃는다고 한다.

어떤 도박 중독자가 카지노 주변에서 쪽방살이 하는 모습도 본적이 있다. 그는 다시 돈이 생기면 도박으로 다 메꿀 수 있다는 허황된 말만 늘어놓기도 했다. 도박에 빠진 사람들은 공통적으로 돈이 더 있으면 더 크게 벌 수 있다고 생각한다. 이것은 카지노가 만들어놓은 함정이다. 몇 번은 큰돈을 벌게 해주고, 나중에는 판돈이 커지면 한 번에 털어버리는 수작이다. 〈카지노〉라는 드라마를 보면, 차무식(배우 최민식)이 나오는데, 도박을 이용해 국내는 물론 해외에서도 큰 거물급 사업가가 되어 성공 가도를 달리다가 나중에는 패가망신하는 내용이다. 카지노들은 돈 버는 방법이 확률적으로 잡혀 있으므로, 아무리 개인이 실력이 좋아도 천재들이 만들어놓은 카지노라는 덫에 걸리면 전 재산을 날리는 것은 시간문제다.

멀쩡히 수백억 원대 좋은 기업의 대표였는데, 한순간에 완전히 매장되는 것이 도박의 무서움이다. 카지노 주변에는 자살하는 사람도 종종 보인다고 하니 심각한 일이 아닐 수 없다. 도박은 절대로 하면 안 되고, 중독이 되었다면 반드시 치료센터를 방문해야 한다. 도박은 가정을 파멸로 만들기도 하며, 패가망신하는 지름길이다.

TM으로 성공하는 방법도 이 도박 심리를 버리는 데 있다. 처음 시작하는 상담사분들은 그냥 열심히 하면 잘될 것으로 생각한다. 그것은 로또를 사고 기다리는 것과 같은 생각이다. TM은 멘트를 공부하는 시간과 상담 시 계약을 체결하기 위한 마무리 및 반론 같은 스킬도 함께 공부해야 한다. 도박처럼 그냥 입사하고 회사에서 시키는 대로만 하면 실적은 오를 수가 없다. 그 이유는 일반적인 상담이 아닌 전문적인 상담을 할 때 계약이 나오기 때문이다. 나는 그래서 TM을 시작하는 분들에게 이렇게 말하고 싶다.

"3개월은 꼭 공부하는 시간으로 하세요. 실력이 되면 계약은 자동으로 나옵니다."

대부분 TM 센터는 기본급 제도를 운용하고 있어서 공부할 시간은 충분하다. 초보자들이 적응하기 쉽도록 생활비를 적게는 200~300만 원 정도를 매달 지원해준다. 물론 수수료가 높은 아웃바운드 같은 경우 기본급이 없는 예도 있다. 공부할 시간이 충분히 주어지기 때문에 도박처럼 그저 열심히만 하면 안 된다. 회사에서 주는 자료나 정보들을 꼭 공부하는 시간을 가져보자. 그러면 도박처럼 망하는 TM이 아니라 씨 뿌리고, 농사짓고, 수확하는 기쁨을 누릴 수 있을 것이다. 돈 걱정을 사라지게 하는 결정적인 습관이 바로 공부다.

2장

월 500만 원 이상 버는 TM 상담사 특징

사람들이 한텔협을 찾아오는 이유

언제부턴가 유튜브와 책을 보고, 많은 분이 전국에서 찾아오고 계신다. 내가 MTN 방송에도 나가고, 책도 쓰고, 유튜브도 하다 보니 좀 유명해져서 그런 것 같다. 방문하시는 이유는 거의 TM 관련 구직상담 및 실적 문제로 도움을 받기 위해서다. 왜 그분들은 비행기를 타고, KTX를 타고 멀리서 오실까? 어떤 분은 나에게 이렇게 물어보셨다.

"작가님이 쓰신 책 내용들이 다 진짜인가요?"

"저는 노후에 쓸 연금도 없어요. 작가님, 이거로 꼭 돈 벌게 해 주세요."

"저는 남편이 실직해서 제가 벌어야 합니다."

"저희 어머니가 집에 누워 계세요. 병원비에 보탬이 되어야 하는데, 잘 가르쳐 주세요."

나는 약 7년 동안 1,500명이 넘는 TM 상담사들을 일대일로 상담을 해봤다. 나를 만나 성공하는 사람들은 특징이 있다.

첫째, 기초부터 배우려는 자세가 있다. 기초부터 배우면 멀리 돌아가는 것처럼 보이지만, 수학에서 구구단을 외우는 것이 멀리 돌아가는 것인가? 돈을 벌겠다는 생각을 버리고 배우는 데 적극적인 사람들이 성공한다. 쉽게 말하면 내가 유명한 변호사가 되어 부자가 되겠다고 결심했다면, 그냥 말로만 하고, 생각만 하며, 결심만 한다고 되는 것이 아니다. 유능한 변호사가 되겠다고 결심했다면, 제일 먼저 해야 할 것이 돈 생각을 버리는 것이다. 그리고 학원을 수강해서 다니든, 독학하든, 공부하는 것이 선행되어야 한다.

둘째, 목표가 있다. 내가 달성하고 싶은 목표가 없다면 열정이 생기지 않는다. TM을 하고 싶은 분들은 반드시 돈을 벌어야 하는 목표를 가져야 한다. 사고 싶은 것이 있고, 이루고 싶은 것이 있으며, 내 집을 가지고 싶다거나 멋진 사람과 만나 결혼도 하고 가정을 꾸리겠다는 생각은 좋은 것이다. 그 목표를 세웠다면 반드시 해야 하는 것은 돈 생각을 버리고 배우는 자세를 가지는 것이다. 대부분 사람은 공부를 안 하고 부자가 되고 싶어 한다.

셋째, 발로 뛰는 습관이 있다. TM을 하려고 하는데 어디서 배워야 할지 모르겠다면, 나를 찾아오면 된다. 유튜브에 〈김우창 작가 TV〉도 운영하고 있고, 네이버 카페 〈한국텔레마케팅코칭협회〉도 운영하고 있다. 분야에 맞는 상담을 일대일로 해드릴 수 있다. 돈 생각을 버리고 배우는 자세를 가지고 오면 몇 년 안에 집이 생길 것이지만, 반대로 배우지 않고 당장 큰돈을 버는 방법을 알고 싶다면 찾아오면 안 된다. 그 사람에게는 로또나 복권 같은 도박 심리가 있기 때문이다. 세계적인 성공학 거장인 나폴레온 힐 (Napoleon Hill)의 책에 보면, 도박 심리는 패가망신하는 지름길이라고 말한다. 그런 종류의 사람은 어떤 직장에 가서도 당장 월급을 올려주지 않으면 사장과 다투고 그만둘 사람이다. 한마디로 멀리해야 할 사람이다.

실제로 많은 상담사분이 돈 생각을 버리고 나를 찾아와 공부를 열심히 했고, 몇 년 만에 몇억 원을 벌어갔다. 네이버 카페와 유튜브에 다 올려놓고 인증한 내용이기 때문에 거짓말을 할 수 없다. 내가 보라는 책을 보고, 공부하라는 것을 공부하며, 시키는 것을 잘하면 아주 쉽다. 반면 나를 만나 잘 안되는 사람들은 너무 조급하다는 특징이 있다.

돈은 내가 벌고 싶다고 벌리는 것이 아니다. 내가 실력을 갖추면 따라오는 것이 돈이다. 내가 하는 일은 실력을 갖추는 방법을 매일 가르치는 일이다. 그러면 돈이 붙기 시작하고, 사는 집이 바뀌며, 자녀의 학교가 바뀌고, 타는 차가 바뀐다. 여기서 중요한 점은 시간을 넉넉히 가지고 깊게 공부하느냐, 며칠만 벼락치기로 공부하느냐의 차이다. 고객들과 상담할 때도 1시간 공부한 사람과 6개월을 매일 1시간씩 공부한 사람의 상담 실력은 차이가 크다.

1시간을 공부하고 고객과 통화하는 사람은 상담 내용이 수박 겉핥기식이 될 수밖에 없다. 나는 수강생들에게 최소 40~100시간은 공부하라고 말한다. 하루 1시간씩 2~3개월을 무조건 공부해야 한다. 상담은 다양한 반론과 다양한 돌발상황이 나올 때 그 위력을 발휘한다. 공부를 안 한 분들은 그런 상황이 오면 당황하고, 고객을 놓치게 된다. 그리고 내가 당하는 문제들을 외부에서 찾기 시작한다. 실장 탓, DB 탓, 상품 탓, 수수료 탓, 배우자 탓, 버스가 늦게 온 탓, 총무가 빨리 일 처리를 안 한 탓, 교육이 잘못된 탓 등 갖은 핑계를 대기 시작한다.

18억 원을 벌게 해주는 직업

내 나이가 50세라고 가정해보자. 그러면 하루 1시간을 공부하면 주 5일로 하면 한 달에 약 20시간을 공부하게 된다. 6개월을 공부한다고 생각하면 약 120시간을 공부하게 된다. 대략 51세까지 공부하면 52세부터는 어떤 삶이 펼쳐질까? 일반 사무직의 경우 내가 아무리 공부를 100시간, 200시간을 해도 월급이 고정적이다. 많이 올라야 몇십만 원 정도다. 자격증을 따면 조금 올려주는 곳도 있다고 들었다.

하지만 TM의 경우 영업적인 성격이 강하기 때문에 내가 100시간만 공부해도 엄청난 실력자가 될 수 있다. 그 이유는 대부분 TM 하는 분들이 공부를 안 하기 때문이다. 그러면 고객 입장에서 어떤 상담사와 계약을 체결할까?

50세에 시작했다고 하면 51세까지는 공부에 집중해보라. 그러면 51세부터 61세까지 10년 동안 매달 500만 원만 벌어도 1년에 6,000만 원이니까 10년이면 6억 원의 수입이 생긴다. 10년만 일할까? 나이 제한이 없고, 정년이 없어서 내 건강만 허락한다면

30년도 가능하다. 30년을 한다고 가정하면 18억 원을 번다는 계산이 나온다. 누가 내 노후를 위해 18억 원을 줄 수 있을까? 친구도 못 주는 일이고, 친척도 못 해주는 일이다. 하지만 TM이라는 직업은 해준다.

어떤 센터에 들어가도 6개월을 매일 1시간씩 공부한 사람은 수많은 자료를 공부하고, 다양한 고객들과 상담 시 지켜야 할 기본적인 것들을 알고 상담한다. 여기서 중요한 점은 돈 욕심을 가지지 않는 것이다. 61기 박○○ 님도 6개월 동안 기본급만 받고 다녔던 분이었다. 월 200~300만 원 정도다. 지금은 매달 1,000~2,000만 원을 받는 상담사가 되었다. 꾸준히 공부해서 잘되려는 사람은 반드시 지켜야 하는 게 있는데, 조급하게 빨리 성공하려는 욕심을 버려야 한다. 센터에 들어가서도 바로 1,000만 원을 받으면 좋겠지만, 적응하고 공부하는 시간을 반드시 가져야 한다. 6개월은 어떤 센터에 들어가든지 공부한다고 생각해야 성공한다. 그러면 내가 알려주는 것들이 이해되기 시작하고 실전에 써먹게 된다.

어떤 분은 이렇게 말한다.
"작가님, 저 그만둬야 할 것 같아요. ○○○ 때문에요."

매우 가슴이 아픈 일이다. 특별한 상황이 아닌데 이렇게 공부해야 할 직장을 그만두는 경우는 망하는 길이다. 상담을 해보고 심각한 문제라고 판단이 될 때는 이직을 해도 된다. 그런 경우가 아닌데 나의 실력으로 인한 문제를 가지고 퇴사하면 타사에 가서도 똑같은 일이 반복된다. 그 상담사는 곧 망하게 된다. 어떤 센터에 들어가도 6개월은 공부한다고 생각해야 한다. 그러면 그 상담사의 상담 퀄리티가 매우 높아서 어떠한 돌발상황, 어떠한 고객을 만나도 계약으로 연결할 수 있게 된다. 능수능란하게 상담하게 된다.

예를 들어 잘되는 병원과 망하는 병원의 차이도 바로 이런 경험치에서 비롯된다. 질병과 약의 종류, 환자별 상담법, 치료 방법에 관한 다양한 세미나에 참석하고, 세계적인 의사들의 습관, 진찰 방법 등을 공부한 의사는 병원을 차리면 반드시 유명한 병원이 되고, 돈 버는 것은 시간문제가 된다. 반면 방금 의대를 졸업하고 1시간 진료 경험이 있는 의사가 병원을 차리면 반드시 망하거나 환자가 와도 응대법을 모르기 때문에 수천만 원의 빚만 지고 병원 문을 닫게 된다.

성공하는 사람들은 돈을 많이 번다. 그 이유는 바로 이런 자기 분야에 대한 세계 최고 수준의 노력을 조급하게 1시간만 하는 게 아니라, 시간을 가지고 최소 6개월 정도는 실력을 쌓는 시간을 가진다. 그러면 그 사람이 하는 일이 무슨 업종, 무슨 일이 되었든 돈을 벌 수밖에 없는 사람이 된다. 주변을 보라. 돈을 많이 가지고 있는 사람들이 아침에 일어나서 저녁에 잠들기까지 어떻게 사는지 관찰해보라. 모르겠다면 그런 사람들의 책을 보라. 우리가 관찰하고 공부하려는 노력만 가지고 있다면 어떤 분야에서든 전문가가 될 수 있고, 부자가 될 수 있다.

처음 상담 온
수강생

실제 사례인데, 69기 이○○ 님의 이야기다. 이분은 월급이 100만 원에서 2,000만 원으로 20배 정도 오른 분이다. 이분에 관한 실제 인증은 내가 운영하는 네이버 카페 〈한국텔레마케팅코칭협회〉에 들어오면 다 인증이 되어 있고 확인해볼 수 있다. 카페에 가입해서 직접 다 확인해보시길 추천한다. 내가 이렇게 자신 있게 말하는 이유는 이 책의 내용이 어디서 주워들은 내용이나 이론이 아닌, 실제로 수강생 여러분이 직접 경험한 성공 사례만 말하기 때문이다. 요즘 이상한 강의들이 많아 우리 수강생 중 한 분도 속아서 수백만 원을 날린 경험이 있다고 말한 적도 있다. 조심해야 한다. 뭘 배울 때는 꼭 확인 절차를 거치고 배우길 바란다.

이분은 경남 쪽에 사는 분이신데, 결혼 후 어린 자녀가 생기고, 육아 문제로 콜센터 상담사 일을 쉬게 되었다고 한다. 한마디로 경단녀가 되어버린 것이다. 그 후 한동안 행복하게 육아에 전념

하다가 어느 순간부터 육아비가 장난 아니게 많이 들어간다는 것을 실감하게 되고 '이거 굶어 죽게 생겼다'라고 직감하셨단다. 우리가 사는 대한민국은 '제가 결혼 후 육아 문제로 경단녀가 되었습니다'라고 구청에 민원을 백 번 천 번 넣어도 국가에서 지원해 주는 것은 실업급여 말고는 없다. 육아비, 기저귀값 정도다. 마치 내가 배가 너무 고픈데 근사한 호텔 코스요리 음식을 대접하는 게 아니라, 편의점에서 파는 삼각김밥으로 겨우 끼니를 때워 주는 것과 같지 않을까? 모든 부모가 아이를 낳고 키우는 것을 잘하고 싶고, 좋은 것을 해주고 싶을 것이다. 하지만 이분의 사례처럼 결혼 후 육아 문제로 인한 경단녀들을 위한 정책이나 지원금은 매우 아쉬운 부분이다.

이분은 재택근무할 수 있는 아르바이트를 찾던 중 〈김우창 작가 TV〉 유튜브 채널을 보게 되셨다. 《생초보도 TM 영업으로 10억 버는 비법》도 보면서 내가 매주 하는 특강도 신청하게 되셨다. 나는 특강 신청하신 분들은 일대일로 무료 상담을 진행해드린다. 신청자가 많아 매우 힘들고 고달픈 일이지만, 돈 문제와 계약 문제로 하루하루 생사가 오가는 분들도 계신다는 것을 알기 때문에 사명감을 가지고 하고 있다. 이분은 상담 시 나에게 이런 말씀도 하셨다.

"콜센터 상담을 2011~2013년 2년 동안 했고, 자동차보험 아웃바운드를 했습니다. 결혼 후 퇴사했고, 육아 후 돈에 쪼들려서 힘든 상황입니다. 자동차 부서에서 상담할 때는 확률 게임이라고 생각해서 어차피 할 것, 나한테 하게 하자라는 생각으로, 고액 보험료나 가망이나 이런 기준 없이 정말 무식하게 열심히만 했습니다. 그러다 주변을 둘러보니 다른 사람은 고객을 분류하고 나름의 기준을 잡아 효율적으로 돌리던데, 저는 그런 것 없이 무식하게 순서대로 했습니다. 돈을 벌어야 한다는 절박함 때문이었나 봅니다. 그러다 보니 너무 지쳐서 몸도 마음도 힘들고, 주변에는 아무도 없이 혼자서 일만 하는 기계가 되었습니다. 노하우를 배워서 즐기면서 일하고 싶습니다."

말보다 중요한
태도

이분은 정말 간절했고, 각오가 대단했다. 마치 3일 동안 물 한 모금 먹지 못한 사람과 마주한 기분이 들기도 했다. 물론 바로 교육을 등록한 것은 아니었다. 처음 본 사람에게 돈을 주고 배운다는 것은 쉽지 않은 선택이었을 것이다. 몇 달간 나의 책과 유튜브, 내가 운영하는 네이버 카페 〈한국텔레마케팅코칭협회〉를 지켜보며 신뢰를 쌓았다고 했다. 그러던 중 어느 날 카톡이 왔다.

"작가님 안 되겠어요. 신용대출을 해서라도 7주 과정을 들어야겠어요."

내 생각에 대출은 두 가지로 작용한다. 잘못 쓰면 사람을 망치기도 하고, 잘 쓰면 사람을 살리기도 한다. 이분께는 살리는 작용을 한 것이다. 그리고 이분은 코칭을 받기 시작했다. 결정은 약 2개월 정도 걸렸고, 본격적인 코칭이 시작되었다. 나는 매주 특강을 하는데, 참석한 분 중 100% 다 수강 신청을 받지는 않는다. 그분들 중 상담 후 코칭하면 잘될 것 같은 분들을 선별해 수강하시라고 말씀드린다. 특강 신청을 한다고 다 받지 않는다. 왜냐하면 열정과 의지가 없는 상담사는 수강해도 빛을 발하지 못하기 때문이다. 세상에 돈 벌고 잘사는 사람들은 모두 한결같이 자신이 하는 일에 매우 열정적이다. 그런 사람들은 실패하거나 넘어져도 아무렇지도 않은 듯 툭 털고 다시 일어나 앞으로 달려갈 의지가 있는 사람들이다. 예전에 〈생로병사의 비밀〉이라는 프로그램에서 한 유명한 의사가 나와서 인터뷰했다. 그 의사는 중증 환자들을 수술하기 전에 환자 가족들에게 이런 말을 했다.

"수술은 전적으로 환자의 의지가 중요합니다. 아무리 좋은 수술을 해도 환자 스스로가 살려고 발버둥 치지 않으면 결과가 좋지 않은 경우가 많습니다."

TM도 마찬가지다. 본인 스스로 '나는 잘될 거야!'라고 주문을 외우면서 자신감에 넘쳐 있는 분들은 코칭을 해보면 대부분 잘된다. '진인사대천명(盡人事待天命)'처럼 하늘을 감동하게 하는 노력과 의지가 있는 사람에게 돈이 가기 때문이다.

간혹 상담을 진행하고 나서 수강은 하고 싶지만, 돈이 없는 분들이 있다. 그러면 나는 "대출해서라도 하세요"라고 하는데, 그 이유는 잘 따라오면 수강 후 1년에 평균적으로 5,000만 원 이상은 거의 다 벌어가기 때문이다. 물론 그 이상을 벌어가는 분들도 있다.

69기 이○○ 님은 상담해본 결과 합격이었다. 의지가 있고, 열정도 아주 강하셨다. 자녀를 부양해야 한다는 절박함 때문이었을지도 모르겠다. 부족한 수강비에 관해서는 카드나 대출하셔도 된다고 말씀드렸다. 또, 나의 철칙은 만약에 1년 안에 2배를 벌지 못하면 전액 환급 처리를 해드린다. 그 이유는 혹시라도 생길 수 있는 문제를 원천 차단하기 위해서다. 지금까지 수백 명을 코칭해본 결과, 대부분 수강료의 2배에서 많게는 100배를 벌어가신 분이 수두룩하다. 일단 절실하고 배우고자 하는 의지가 강하면 대부분 코칭에 잘 따라오기 때문이다.

휴가철에 여행을 계획해본 사람은 알 것이다. 여행이 계획대로 착착 진행되는가? 아니다. 갑자기 예상에 없던 비가 쏟아져 내린다든지, 멀쩡하던 비행기 스케줄이 연료 관련 문제로 연착이 된다든지 하는 변수가 많다. 맞다. 코칭을 시작 후 바로 계약이 폭발하거나 월급을 1,000만 원을 받거나 하는 일은 일어나지 않았다. 여기서도 변수가 생긴다. 수업 중 자녀가 수업 시간에 돌아다녀 방해되는 경우도 생기고, 과제를 해야 하는데 지방에서 부모님이 올라오기도 한다. 생각지도 못하게 멀쩡하게 다니던 회사가 갑자기 없어지는 일도 있으며, 갑자기 수수료가 800%에서 300%로 떨어지는 경우도 생긴다.

코칭을 받아들이는 방식

쉽게 말해 아주 스펙타클한 일이 항상 도사리고 있다. 그래서 수강하시는 분들에게 항상 강조하는 것이 한 가지가 있다.

"제가 500명을 넘게 코칭한 사람입니다. 많은 장애물이 있더라도 걱정하지 마시고, 코칭을 잘 따라오시면 다 잘 해결되실 겁니다."

코칭을 하다 보면 상황에 맞게 코칭 방법도 바꿔야 하고, 비법 자료도 그 회사에 맞게 드려야 한다. 내가 지금까지 300명을 넘게 코칭하면서 겪어본 일들이 정말 많았지만, 그때마다 노하우와 비법 코칭으로 계약이 쏟아지도록 해드렸다.

69기 이○○ 님도 마찬가지였다. 처음에는 좀 버벅거리는 부분이 있어서 고생을 좀 하셨다. 기존에 가지고 있던 상담 습관도 고쳐야 하고, 새로운 비법도 배워야 해서 약 3개월간은 발에 맞지 않는 신발을 신은 듯 천천히 따라오셨다. 그러던 중 약 6개월 정도가 지나고 어느 날 카톡이 왔다.

"작가님, 월급을 1,000만 원 받았어요. 너무 감사해요. 제 목표는 월급을 2,000만 원 받는 거예요. 도와주세요."

축하한다는 말을 드리고, 어떻게 하면 2,000만 원을 벌게 해드릴 것인지 무척 고민했다. 회사 문제, 스크립트 문제, 목소리 톤, 속도, 발음 등 많은 것을 코칭해드렸던 기억이 난다. 그 후 어떻게 되었을까? 바로 몇 달 후 또 카톡이 왔다.

"작가님, 저 월급 2,000만 원이 넘을 것 같아요. 눈물이 다 나네요. 감사합니다."

69기 이○○ 님 급여 인증 카톡

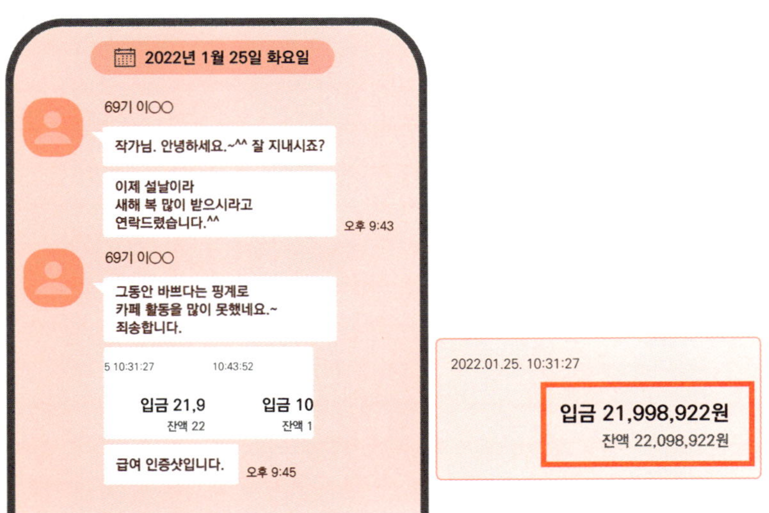

이분은 지금도 억대 연봉을 받고 있다. 수강료의 수십 배는 가져가시는 것을 보니 무척 보람되기도 하고, 뿌듯하기도 하다. 가끔 이분께서 감사 선물도 주셔서 앞으로도 더 잘 도와드려야겠다는 생각이 들기도 한다.

누가 보면 내가 코칭을 잘했다고 생각할 수도 있을 것이다. 하지만 내 생각은 좀 다르다. 정말 간절히 원하고 바라면 하늘이 감동해서 그 사람의 소원을 이루어준다. 나의 코칭과 하늘이 감동할 만한 이분의 노력이 만나니 기적 같은 일이 일어나게 된 것이다.

세계적인 축구 감독 히딩크(Hiddink)가 국가대표 선수였던 박지성을 키운 것도 이와 비슷할 것이다. 박지성이 시키는 것만 했을까? 아니다. 죽을힘을 다해 경기에 임했고, 감독님의 코칭을 바탕으로 자신만의 노하우와 볼 컨트롤을 접목했기에 세계적인 축구선수로 수백억대의 연봉을 받게 된 것이다.

지금도 많은 사람이 나에게 카톡과 문자로 고액 연봉을 받는 법에 관해 물어온다. 내가 그분들께 항상 드리는 말씀은 이렇다.

"정말 간절히 원하면 무슨 소원이든 다 이룰 수 있습니다. 특강을 신청해보세요. 도와드리겠습니다."

잘되는 수강생들의 공통점

공부에 투자하는 수강생들

몇 년 동안 경험해본 잘되는 수강생들은 모두 공통점이 있었다. 그들은 공부에 투자해서 큰돈을 벌었다는 것이다.

"책을 사고, 공부해서 돈을 번다고?"

맞다. 일반적인 공부는 돈을 벌게 해주지 못한다. 여기서 말하는 것은 '돈을 벌게 해주는 공부'다. 국어, 영어, 수학을 100점 맞는다고 내 수입이 당장 올라가지 않는다. 내 수입을 올려줄 공부는 절대 돈을 아껴서는 안 된다. 실제로 내가 수도권에 아파트 2채를 산 것은 공부에 투자한 결과다. 주변에서 물어본다.

"적금 부었니? 어떻게 돈 벌었니?"

대부분 사람은 배우고 공부하는 데는 인색한 경우가 많다. 주변에서 다 저축하라고 독려하고, 적금을 부어서 얼마 모았다고 자랑하는 친구들의 영향인지, 월급이 들어오면 대부분 카드값으로 나가고, 조금 남은 돈은 적금이나 예금으로 들어간다. 그리고 약간의 돈이 남는데, 그 돈은 생활비로 지출된다. 결국 월급은 바닥이 나고 다시 카드로 한 달을 살게 되는 지옥이 무한 반복된다.

돈은 그냥 가만히 두면 썩고, 곰팡이가 피어난다. 주변을 둘러보라. 잘사는 사람 중에 돈을 차곡차곡 은행에 쌓아놓기만 하는 사람을 본 적이 있는가? 내가 아는 부자들은 한 명도 없다. 지인 중에는 50억, 100억, 200억대 부자들이 많다. 자주 만나서 식사 자리를 가면 항상 하는 이야기가 있다. 500만 원, 1,000만 원짜리 강의를 등록해서 공부했던 이야기, 배워서 얼마의 세금을 줄인 이야기, 잘 배워서 어떻게 굴려서 얼마의 차익을 남겼다는 이야기 등 모두 배움에 관한 이야기가 주를 이룬다. 좋은 수업에 투자하는 내 수강생들을 보면 이런 생각이 든다.

'나중에 큰 부자로 살게 되겠군.'

나 또한 수입을 늘리는 데 좋은 강의나 수업이 있다면 돈을 아끼지 않는다. 대부분 카드 할부를 10~20개월로 길게 해서 듣는다. 레버리지 효과라고 들어봤을 것이다. 작은 힘으로 큰일을 하는 것이 지렛대의 원리다. 가끔 전액 현금으로 듣기도 하지만, 액수가 큰 것들은 현금 반, 카드 반 해서 듣는 편이다. 고급 정보를 배우기 위해 지금까지 쓴 돈만 해도 1억 원은 넘을 것이다. 내가 왜 그렇게 많은 돈을 배우는 데 썼을까? 여기서 중요한 것은 수학이나 영어처럼 아무리 배워도 당장 돈이 들어오지 않는 곳에는 돈을 쓰면 안 된다.

수입과 관련된 곳에 돈을 써야 한다

나는 수입과 관련된 곳에는 돈을 쓰고, 배우는 것을 아까워하지 않는다. 반면 사치품에 속하는 값비싼 가방이나 고급 자동차에 카드를 사용하거나 대출을 사용하는 사람이 많다. 그 사람은 절대 부자가 될 수 없다. 그 이유는 자산과 부채의 차이를 이해하지 못하기 때문이다. 시간이 갈수록 점점 가치가 불어나는 것에 돈을 써야 한다. 좋은 강의나 좋은 부동산, 좋은 주식, 골드바 같은 자산은 내가 인생을 살면서 수입이 끊어질 때 나에게 도움을 준다. 해외여행도 보내주고, 맛있는 식사도 대접해줄 것이다. 자녀들이 학교에 갈 때도 도움을 줄 수 있다. 그래서 부자들은 자산을 늘리는데 많은 돈을 쓴다. 그 돈들은 절대 사라지지 않고, 훗날 도움이 되기 때문이다.

나는 세미나에 매년 약 1,000만 원을 쓴다. 그 이유는 들어간 돈보다 나오는 돈이 더 많기 때문이다. 한 억만장자는 매년 수입의 20%를 배우는 데 투자한다고 한다. 씨앗을 뿌리고 거두는 성공학의 법칙과 동일한 원리다. 대부분 부자가 욕심이 많고 구두쇠라고 생각하지만, 투자한 만큼 가져가는 자본주의 사회에서는 이런 사람들이 항상 승자가 된다. 반면 저축만 하고, 자신에게 투자하지 않는 사람은 이 사회에서 도태되기 쉽다.

수백억 원을 가진 부자들은 자녀에게 돈을 주면 망한다는 것을 잘 알고 있다. 그래서 좋은 교육을 해주고, 좋은 환경에서 자라게 하는 것이다. 잘하는 분야를 적극적으로 지원해주고, 스스로 세상에서 자립하게 하기 위한 수단으로 돈을 쓴다. 내가 가는 세미나의 규모는 10만 원부터 큰 세미나는 3,000만 원도 한다. 쓸데없는 이상한 강의나 세미나가 아니고, 오랜 경력으로 완전히 검증된 세미나들이다. 부동산도 있고, 주식도 있으며, 영업 관련 세미나도 있다. 처음에는 이상한 강의를 잘못 신청해 돈을 날린 것만 해도 수천만 원이었다. 한번은 500만 원을 주고 강의 신청을 했는데, 회사가 갑자기 잠적한 예도 있었다. 한동안 하늘을 보면서 '나는 누구이고, 여기 왜 있는가?' 하며 절망의 시간을 보낸 적도 있었다. 그때 뼈저린 경험으로 나는 한 가지 능력이 생겼다. 어떤 강의가 좋다고 해서 프로필이나 소개자료 영상 같은 것을 보면 느낌이 온다.

'이 사람 강의를 들으면 돈 벌 수 있겠다.'

느낌이 팍 온다. 이 능력으로 지금은 수도권 아파트 2채를 소유하게 되었다. 강의 위력은 엄청났다. 200~300만 원을 주고 배웠는데 7,000~8,000만 원이 들어오기도 했고, 어떤 강의는 150만 원을 주고 배웠는데 수입은 0원이라 마이너스 150만 원인 적도 있었다. 지금도 그 강의만 생각하면 치가 떨린다. 어떻게 쓰레기

같은 비법을 가지고 뻔뻔하게 지금도 홍보하고 있는지 생각하면 정말 씁쓸한 일이다. 하지만 그런 강의에서도 배울 것은 있었다. 항상 긍정적으로 생각해야 좋다.

'나는 매년 1,000만 원은 강의를 듣고 공부하는 데 쓴다.'

이것은 나의 좌우명이고, 앞으로도 내가 배우고 싶은 것들을 위해 쓸 것이다. 여러분도 딱 1년만 해보라. 배움에 뿌린 씨앗들이 나중에 큰 나무가 되고, 엄청난 열매를 수확하게 될 것이다. 이 책에서 가장 중요한 것이 바로 이 부분이다. 내 인생에 씨앗을 뿌리는 것이다. 돈을 가만히 두면 썩고 곰팡이가 핀다. 반대로 돈을 잘 사용하면 큰 부자로 살게 될 것이다.

부자들의 돈 버는 지혜

사이토 히토리(斎藤 一人)는 《돈의 진리》에서 "《바빌론 부자들의 돈 버는 지혜》(조지 S. 클레이슨 지음)라는 책이 있다. 내용이 좋아서 사람들에게 이 책을 읽으라고 권하고 있다. 다만 이 책에서는 '돈을 자신의 노예처럼 부려라'라고 쓰여 있어서 의아하긴 했지만 그래도 실제로 이 책에 쓰인 대로 실천한 많은 사람이 대부호가 되었다. 하지만 '돈은 노예'라고 말하기보다는 '돈은 소중한 친구'라고 말하는 편이 절대적으로 좋다. 실제로 돈은 당신을 위해 일해준다"라고 말했다.

부자들을 많이 만나 보면 한 가지 깨닫게 되는 것이 있다. 항상 돈이 일하게 하는 방법을 찾고, 연구하는 것을 알 수 있다. 돈을 매우 소중한 친구라고 생각하고, 땅에 묻어두는 것이 아니다. 소중한 친구이기에 좋은 곳에 사용한다. 나를 성공시키는 데 사용한다. 자신이 하는 일을 더 잘할 수 있게 하는 곳에 큰돈을 사용한다. 좋은 세미나에는 몇천만 원씩 주고 가서 듣는다. 자녀들에게도 돈을 물려주는 것이 아니라, 부자 되는 좋은 습관을 물려준다. 그러한 습관을 부모에게 보고 배운 자녀들은 일반 아이들과 다른 삶을 살게 된다. 좋은 책을 가까이하고, 좋은 강의는 비싸도 듣는다. 그리고 사회에 나와서도 부모님처럼 잘살게 된다. 좋은 교육을 받아서 하는 일마다 잘된다.

하지만 가난한 사람들은 돈을 가치 없는 곳에 사용한다. 나를 성장시키는 데 사용하는 게 아니라 엉뚱한 곳에 사용하고 가난하게 산다. 야근도 하고 주말에도 일하는데 나이 들어 후회한다. 수입은 점점 줄어들고, 몸은 아파지기 때문이다. 이런 분들에게 책을 보라고 하면 미친 사람 취급한다. 좋은 강의를 멀리한다. 돈이 더 들어오게 하는 곳에는 10원도 안 쓰고 엉뚱한 장난감, TV, 소파, 침대, 가구, 인테리어, 가방 등에는 수천만 원씩 쓴다. 1년에 한 번 정도는 상관없지만, 중독되는 것이 문제라는 말이다. 요즘 사회문제가 되는 카 푸어, 집 푸어 등이 다 이런 데서 생긴다. 부자들과 가난한 사람들과 차이는 이런 돈을 쓰는 습관에서 결정된다.

돈을 소중하게 여기는 사람이라면, 일본 억만장자의 말처럼 돈이 나를 위해 일하게 해야 한다. 그러면 그 돈이 나를 부자로 만들어준다. 돈은 거짓말하지 않는다. 나를 소중하게 대해주고, 사랑

해주는 사람에게 더 많은 돈이 간다. 돈이 많은 사람들은 절대 허투루 쓰는 법이 없다. 귀하게 생각하고, 소중하게 생각한다. 아침부터 저녁까지 열심히 일하면서 가난하게 사는 것은 너무 가슴 아픈 일이 아닐까? 우리 모두 부자로 살고 행복하게 살자.

자, 확언하자.

"나는 열심히 번 돈을 좋은 곳에 쓸 것이다."
"나는 돈이 일하게 함으로 부자가 될 것이다."
"나는 나를 성장하게 하는 곳에 돈을 쓰고, 부자가 될 것이다."
"나는 부자가 된 모습을 상상하며, 오늘도 행복하게 살 것이다."

평범한 사람이
고수익을 만든 과정

1. 6개월은 공부에 집중

69기 이○○ 님은 처음에 6개월은 공부만 하셨던 분이었다. TM 영업 회사에 들어가면 일정 시간 공부할 시간을 만들어야 한다. 최소 몇 달은 그만둘 생각을 머릿속에서 지운다. 그리고 스펀지처럼 회사에서 주는 상품에 관한 자료를 흡수해야 한다. 노트에 적으면서 공부하는 게 좋다. 그리고 선배들의 노하우를 배우는 데 집중하라. 들어가자마자 월급 1,000만 원을 받는다는 생각이 앞서면, 실력은 없고 열정만 있으므로 곧 그만두게 된다. 신입이 가장 실수하는 부분은 공부해서 고객을 위해 상담해야 하는데, 상품을 강매로 판매하기 때문에 취소가 들어와 혼란에 빠진다. 3~6개월 해보다가 조금 힘들면 바로 그만둔다. 평생직장이고 돈도 많이 벌 수 있는 좋은 직업인데도 그 가치를 모르고 다른 곳으로 간다. 참 가슴 아픈 일이 아닐 수 없다.

고객들은 어떨 때 우리에게 마음의 문을 여는가? 회사 자랑? 내 경력 자랑? 상품 자랑? 아니다. 고객들의 마음 문을 여는 때는 나를 전문가로 인식할 때다. 여러분이 갑자기 병원에 갔는데 의사가 "암입니다"라고 한다면, 암 전문가 의사에게 가겠는가? 아니면 동네 병원 의사에게 가겠는가? 고객의 마음 문을 열고 계약을 많이 하고 싶다면, 반드시 내가 전문가가 되도록 돈과 시간을 써야 한다. '이 상담사에게 맡기면 되겠네!'라는 생각이 들도록 나를 갈고닦아야 한다. 그러면 돈도 따라오고, 계약도 따라오며, 집도 생기고, 자녀도 좋은 학교에 가며, 멋진 배우자도 만나 결혼도 하게 되는 것이다.

그러면 전문가가 되기 위해 제일 먼저 해야 할 일은 무엇일까? 책을 보는 것도 좋고, 유튜브를 찾아보는 것도 좋다. 하지만 가장 좋은 방법은 직접 찾아가보는 것이다. 그러면 책으로는 얻을 수 없는 큰 에너지를 경험하고, 실제로 보면서 생각이나 많은 것을 보고 배우게 된다. 돈으로 살 수 없는 것이기 때문에 현장에 직접 찾아가보기를 꼭 권한다.

좋은 일은 항상 한 가지만 오지 않는다. 도미노처럼 연속으로 점점 크게 온다. 내 방을 깨끗이 청소하면 상쾌한 기분이 들고, 하는 일들이 잘 풀리는 것처럼 내가 상담할 때 전문가가 되면 점점 좋은 일들이 생겨난다. 모든 것은 하루아침에 되지는 않는다. 완전히 TM 영업 초보라면 최소 6개월은 공부해야 한다. 기초적인 스크립트부터 고액 계약까지 말이다.

2. 내 통장 상태를 결정하는 것

내가 보는 책 중 이즈미 마사토(泉正人)가 쓴《부자의 그릇》이라는 책이 있다. 이 책은 읽기 쉽고, 깊은 깨달음을 준다. 일본 파이낸셜 아카데미 대표인 저자는 돈에 관한 지혜가 범상치 않다. TM 콜센터에서 돈 벌고 싶다면 양질의 책을 많이 읽는 것이 좋다. 동서고금을 막론하고 배우는 사람은 절대 따라갈 수 없는 내공이 생기기 때문이다. 책 내용 중에 이런 글이 있다.

"남이 자네를 어떻게 보는지가 자네의 통장에 나타난다는 걸세."

저자는 남이 나를 어떻게 보느냐에 따라 내 통장 상태가 결정된다고 말한다. 내가 나 자신을 아무리 칭찬하고, 대단하다고 생각해도 그것만으로는 내 통장 상태를 결정할 수 없다는 뜻이다. 예를 들어 식당을 차렸는데, 내가 만든 음식이 내 입맛에는 맞더라도 손님들이 싫어하고, 먹다 남기고 그냥 나간다면 아무 소용이 없다. 그런 식당은 주인이 먹었을 때 아무리 맛있더라도 손님들로부터 외면을 받기 때문에 통장은 늘 빈털터리가 되고, 결국 문을 닫는 가게가 되고 만다.

TM도 마찬가지다. 스스로 상담을 아무리 잘한다고 생각하고 있더라도, 고객의 인정을 받지 못하고 고객이 나를 볼 때 초보 상담사로 본다면, 내 통장은 보나 마나 텅텅 비어 있게 된다는 말과 같다.

열심히 콜만 하고 늦게까지 남아서 일하며 스스로 대단하다고 생각하는 것은 바보 같은 짓이다. 반드시 고객들로부터 어떻게 하면 인정받을 수 있을까를 생각하자. 고객이 볼 때 내 상담이 전문가처럼 보여야 한다는 말이다. 그럼 내 통장이 점점 채워지고, 나중에는 매달 월급이 500만 원 넘게 들어오게 될 것이다.

나는 몇 년 전부터 〈한국텔레마케팅코칭협회〉를 운영하고 있는데, 돈 벌고 싶다는 분들이 전국에서 많이 찾아온다. 내가 가장 강조하는 것은 다름이 아닌, 심고 거두는 법칙이다.

"까짓것, 그냥 TM 열심히 하면 되는 것 아닌가요?"

이렇게 말하는 분들이 많다. 열심히 하는 것은 노하우 없이 하는 것일 가능성이 크기 때문에 실패 확률이 높다. 하지만 제대로 배워서 열심히 하는 것은 나무를 한 그루 심는 것과 같다. 그 노하우가 계속 돈을 벌어다 주기 때문에 투자 대비 수익이 클 수밖에 없다. 보험 TM 기준으로 하루 2건만 매일 해서 한 달만 달성해도 월급을 800만 원 정도 받는다. 그냥 매일 열심히 하는 것은 힘이 많이 들고, 수익은 적으며, 나중에는 지쳐서 그만두게 된다. 열심히만 하는 것보다는 심고, 거두는 법칙을 먼저 마스터하라. 심고 거두는 법칙은 강의나 책을 통해 마스터할 수 있다.

심고 거두는 법칙을 알면 조급해지지 않고, 크게 성공할 수 있다. 한 그루의 사과나무가 30개의 사과 열매를 열리게 한다고 가정해보자. 3,000개의 사과를 얻고 싶다면 사과나무 100그루를 심으면 된다. 그러면 시간이 지나면 좋은 사과 3,000개를 수확할 수 있을 것이다. 하지만 사과 농사법을 잘 모르는 사람들은 열매를 얻지 못하고, 중도에 포기한다. 심자마자 지금 당장 사과가 열리지 않는다고 한탄하고, 나무 심은 것을 후회하기도 한다.

최소 6개월은 기다려야 열매가 열리는데, 심자마자 당장 그다음 날 사과가 안 열린다고 걱정과 근심에 사로잡히는 사람들이다. 하루하루가 불안하고 온종일 사과나무를 쳐다보지만, 열매는 열리지 않는다.

콜센터에서 성공하는 방법도 이와 매우 비슷하다. 내가 고객과 통화해서 계약 1건을 달성했을 때 수수료가 33만 원이라고 가정해보자. 매달 1,000만 원을 벌고 싶다면 하루에 3건 정도를 매일 달성하면 매달 1,000만 원의 급여가 들어오게 된다. 하루아침에 나오는 사과가 없듯이 하루아침에 월 1,000만 원 받는 일은 없다.

대부분 나에게 배워 지금 매달 1,000만 원 받는 상담사들이 많지만, 그분들도 처음에는 사과나무를 심는 심정으로 최소 3개월 정도는 기초를 공부했던 분들이다. 기초는 스크립트 작성, 콜하는 방법, 목소리 훈련이다. 이 세 가지를 '기초'라고 한다. 이것이 완벽하지 않다면 월급 1,000만 원을 받기는 불가능하다고 봐야 한다.

그래서 초보 상담사들에게 항상 하는 말은 욕심내지 말고, 자연의 법칙에 순응하라는 말을 자주 한다. 기초를 갈고닦는 연습을 해야 한다. 처음에 3개월 정도는 말이다.

회사마다 조금씩 다른데 보험 TM 기준으로 하루 1건을 목표로 하는 것이다. 그러면 급여는 대략 400~500만 원이 되고, 아마

2~3개월 정도가 걸릴 것이다. 그리고 달성하면 하루 2건을 목표로 하는 것이다. 그러면 급여는 700~800만 원 정도가 되고, 2~3개월 정도가 걸릴 것이다. 또 달성하게 되면 하루 3건을 목표로 하는 것이다. 그러면 월급 1,000만 원을 달성하게 된다.

3. 성공해야만 하는 이유가 있는가?

내가 TM으로 돈을 벌기 시작했던 때는 돈을 꼭 벌어야 하는 절실한 무언가가 있었기 때문이었다. 그때 나를 절실하게 만든 것은 빚 청산, 내 집 마련과 결혼 문제 해결이었다. 이것이 나를 반드시 성공해야만 하도록 만들어준 고마운 문제들이다. 가끔 보면 큰 어려움과 문제들이 나중에는 나를 크게 만든 고마운 존재였다는 것을 알게 된다. 혹시 여러분 주변에 큰 문제나 어려움이 있다면 이렇게 말해보자.

"나를 찾아와줘서 고마워."
"너로 인해 나는 크게 성장할 거야."

나의 빚더미와 내 집 마련을 부모님에게 해결해달라고 하기 어려웠다. 부모님도 나와 동생을 키우시느라 형편이 안 좋으셨기 때문이었다. 몇십 년을 도와주셨는데, 더 도와달라고 하면 자식이 할 일은 아닌 것 같았다. 내가 스스로 다 해결해야 하는 상황이었다. 그래서 여기저기 많은 직업을 알아보다가 능력만큼 수입을 얻는 TM이라는 직업에 흥미를 느끼게 되었다. 그리고 돈을 벌기 시작할 때는 매일 공부하기로 결심하고 실천한 때부터였다. 대한민국 최고의 기업 현대를 만든 정주영 회장님은《시련은 있어도 실패는 없다》에서 이런 말씀을 하셨다.

"목표에 대한 신념이 투철하고 이에 상응하는 노력만 쏟아부으면, 그 누구라도 무슨 일이든 다 할 수 있다."

주변에 성공하지 못한 사람들이 있다면 잘 살펴보자. 어떤 일을 하는데 절실하지 못하고, 대충대충 하는 사람들일 확률이 높다. 절실한 사람이 우물을 찾고 비법을 찾아다니며 돈을 버는 것이다. 69기 이○○ 님의 성공비법도 마찬가지다. 이분은 성공이 절실해서 책과 강의를 찾아다녔다. 이분은 반드시 성공해야 하는 이유가 있었다. 태어난 지 얼마 되지 않는 아기가 있기 때문이었다. 여러분도 반드시 성공해야 하는 이유를 만들자. 그게 차가 되었든, 자녀가 되었든, 집이 되었든, 내 목숨을 바쳐서라도 이루어야 할 무언가가 있는 사람과 없는 사람은 TM 업무를 하는 데 있어서 하늘과 땅 차이가 난다. 반드시 이루어야 하는 목표가 있는 사람은 무슨 일을 하든지 성공한다. 세계적인 자기 계발 전문가 브라이언 트레이시(Brian Tracy)는 이런 말을 했다.

"대부분 80% 직장인들은 어떻게 하면 일을 적게 할까를 고민한다. 일을 많이 하고, 노력하며, 지금보다 더 잘하려고 노력하는 사람이 성공하는 이유다."

맞는 이야기다. TM 센터에 일하다 보면 어떻게든 일찍 퇴근하려고 하고, 어떻게든 적게 일하려고 노력하는 것을 볼 수 있다. 그런 분들은 조금 해보다가 자포자기하고 다른 직업을 찾아보는 경우가 많다. 그리고 거기 가서도 또 일찍 퇴근하려고 하고, 어떻게든 적게 일하려고 노력할 것이다. 평생 큰돈은 만져보지도 못하고 이 직업 저 직업 전전하게 될 확률이 매우 높다. 절실하면 방법이 보인다. 내가 TM을 시작하려는 분들에게 자주 하는 말이 있다.

"남들보다 조금 더 움직이고, 조금 더 고생하는 길을 선택하세요. 그게 가장 빠른 길입니다."

아파트 주차장에 가보면 입구와 먼 곳은 텅텅 비어 있고, 입구와 가까운 곳은 다닥다닥 붙어 있지 않은가? 어떤 억만장자가 자신의 유튜브에 나와 이런 말을 한 것이 기억난다.

"저는 움직이는 시간이 많지 않아 주차장도 입구에서 제일 먼 곳에 주차합니다. 그 이유를 굳이 말하자면 운동이 되기 때문입니다. 회사를 경영하는 데 운동만큼 좋은 게 없어요. 팔 굽혀 펴기를 하루 100개 하는 것도 저의 루틴 중 하나입니다. 이렇게라도 움직여서 체력을 올리는 습관을 들여보세요. 그리고 주차장 입구에서 먼 곳에 차를 대면 좋은 점은 넓게 쓸 수 있어서 일거양득이에요."

절실한 사람에게는 지혜가 생긴다. 주차장도 텅텅 빈 곳에 혼자

대면 얼마나 행복한지 아는 사람만 안다. 나도 좁은 입구 쪽은 아예 쳐다도 보지 않고, 멀리 대고 넓게 쓰는 소소한 행복을 추구하는 습관이 있다. 성공비법은 주차장에만 적용되는 것이 아니다. TM 성공비법도 남들보다 조금 어려운 길을 가라. TM도 남들이 하기 싫어하고 귀찮아하는 일을 해야 경쟁력이 생기고, 앞서갈 무기를 가질 수 있다. 퇴근 후 1시간 공부를 한다든지, 아니면 1시간 운동을 통해 지식과 체력을 키워놓는 것과 같은 것이다.

나는 처음에 2년 동안 왕복 4시간을 출퇴근하면서 일했다. 누군가는 미쳤다고 하고, 너무 힘들게 왜 그렇게 먼 곳을 가냐고 했지만 나는 즐겁게 일했다. 인천 끝에서 서울 끝까지 종점에서 종점이라서 멀긴 했다. 하지만 장점도 있었다. 앉아서 갈 수 있고, 피곤하면 눈을 붙이고 잠깐 잠들기도 아주 좋았다. 그러다가 지루하면 평소 보고 싶었던 책을 보거나 성공 스토리가 있는 유튜브를 많이 봤다. 이때 지하철에서 본 책만 수십 권이 되었다. 혹시 출퇴근이 멀다고 하소연하는 분이 계신다면, 예쁘고 작은 가방은 장롱에 넣어두고, 크고 좋은 책가방으로 출근해보자. 내가 좋아하는 한 작가님은 수백억대 매출을 내는 치과의사이신데, 외출 시 꼭 큰 가방에 좋은 책을 2권 넣고 다닌다고 한다.

4. 나를 밀어줄 스승 찾기

돈을 많이 버는 사람들을 보면 한 가지 특징이 있다. 그를 도와주는 사람이 주변에 항상 있다는 것이다. 그 분야에 정통한 전문가들이 있다. 대부분 전문가는 공짜로 도와주거나 알려주지 않는다. 큰일은 큰 대가를 받고 도와주고, 작은 일은 작은 대가를 받는다.

당신을 도와주는 전문가가 주변에 있는가? 나 또한 내 주변에 전문가들로 채우고 나서 많은 돈을 벌게 되었다. 비용도 적게는 10만 원부터 많게는 3,000만 원까지 지불하고 도움을 받았다. 내가 이런 생각을 하기 전에는 항상 돈이 없었고 가난했다. 가난은 질병이고, 반드시 고쳐야 할 인생 최대의 문제다. 대부분 사람이 돈을 벌고 싶다고 말하면서 전문가의 도움을 받을 생각은 없는 경우가 많다. 집에 하수구가 막히거나 인터넷이 안 되면, 혼자 끙끙대면서 체크하기보다는 전문가를 부르면 바로 해결된다.

돈도 마찬가지다. 69기 이○○ 님처럼 어려운 상황에 있다면 전문가를 찾아 나서야 한다. 주변에 나를 도와줄 지원군을 만들어놔야 한다. 나는 보험도 지원군이라고 생각한다. 내가 언제 어떤 질병에 걸려 큰일을 당할지 아는 사람이 있는가? 아마 아무도 없을 것이다. 하지만 보험은 잘만 해놓으면 나중에 큰 도움을 받는 고마운 지원군이다. 이처럼 사람들로부터 우리가 받는 영향은 엄청나다. 지금 당장 행복해지고 싶다면 주변에 행복한 사람을 두면 되고, 건강해지고 싶다면 주변에 건강한 사람을 두면 된다. 또한, 돈을 벌고 싶다면 주변에 돈을 벌게 해줄 사람을 두면 된다. 이 간단한 원리만 잘 터득하면 100세 시대 노후 걱정 없이 평생 돈방석에 앉아 편안하게 생활하게 될 것이다. 최근에 수강한 60대 수강생분이 이렇게 말씀하셨다.

"작가님, 제가 50년 넘게 살면서 배우는 데 돈을 쓴 적은 처음입니다. 저희 가정이 원래 형편이 좋았는데, 최근에 남편의 실수로 상가 3채를 날려서 약 70억 원의 손해를 봤습니다. 당장 먹고 살 일이 막막해 TM 영업을 처음 알게 되어 지푸라기 잡는 심정으로 시작했는데, 너무 어려웠습니다. 그러다가 여기저기 알아보던 중 작가님을 만나게 되었습니다. 배우는 데 고생은 좀 했지만, 이렇게 센터 2등도 하고 돈도 많이 벌게 되어서 너무 기쁩니다. 지금 생각해보면 왜 그때 그렇게 망설였는지 후회가 됩니다. 감사합니다."

자신에게 큰일이 닥쳐야 공부하는가? 생활이 풍족하고 부자이며 잘나갈 때가 아니고, 항상 어렵고 힘들 때 찾게 되는 것을 보면 신기할 따름이다. 이런 것을 보면 인생을 살면서 큰 시련이나 고통이 마냥 나쁘기만 한 것은 아닌 것 같다. 그로 인해 내가 더 성장할 기회를 제공하는 좋은 일도 하기 때문이다.

이분만 그런 게 아닐 것이다. 대부분 학교 교육을 초등학교, 중학교, 고등학교를 졸업하고, 대학교까지 배우면 다 되는 줄 아는 것 같다. 아니다. 내가 일하는 업종의 전문지식을 배우지 못하면 아무리 전교 1등을 몇 년을 했고, 좋은 대학을 나왔다고 하더라도 그 사람은 돈 버는 것과 거리가 멀다.

좋은 고기를 사는 데 돈을 아낀다면, 그 가게의 장사가 잘될 수 있을까? 아니다. 돈을 회사가 성장하는 데 쓰지 않는 곳은 아무리 인테리어를 잘해놓고, 서비스 정신이 투철하며, 인사를 90도로 잘

해도 망하게 된다.

TM 영업도 마찬가지다. 내가 정말 배우고 싶고, 공부하고 싶은 것에 돈을 써야 불어나고 더 큰돈이 들어온다. 예를 들어 배우는 데 1억 원을 쓰면, 작게는 2~3억 원이 들어오는 원리다. 가끔 대박이 나면 10배 이상으로 돌아와 10억 원 이상 수입이 되는 예도 있다.

내가 2019년부터 수천 명의 TM 상담사분들을 일대일로 상담하다가 한 가지 충격적인 사실을 알게 되었다. 바로 자기 자신에게 투자하고, 공부하는 분들이 생각보다 적다는 것이었다. 그리고 일이 잘 안되는 것을 회사 탓이나 DB 탓을 하는 것을 보게 되었다. 그분들에게는 차마 말하지 못하고, 그저 잘되실 거라고 좋게 상담해드렸다. 한 번뿐인 인생인데 공부하는 데 투자도 하고 수입도 늘게 되면, 좋은 배우자와 결혼도 할 수 있는 토대가 마련된다. 그리고 평생의 숙제인 내 집 마련도 해결될 것이고, 행복한 가정을 꾸려 예쁜 아기도 만날 수 있게 될 것이다. 그리고 65세 이후 남들은 수입이 없을 때, 나는 평생직장이 생겨 노후 걱정도 하지 않게 될 것이다. 이렇듯 배움에 투자하는 것은 실로 엄청난 일이다.

하지만 실제로 이런 행운을 얻지 못하고, TM 영업을 하다가 몇 달 만에 그만두는 분들이 상당히 많다. 다 그런 것은 아니지만, 대부분 콜센터는 매달 신입사원을 뽑고, 뽑는 상담사들만큼 그만두는 경우가 많다. 또 나가니까 뽑고, 교육하고를 거의 매달 반복하는 것이다.

상담사들이 그만두는 이유는 전문지식의 부족이 제일 크다. 그리고 계약이 안 나오는 이유 중 하나는 상담 스킬 부족으로 스트레스를 못 견디기 때문이다. 학교에서 배운 교육만으로는 세상에서 성공할 수 없다. 국어, 영어, 수학, 과학 등을 가지고 세상에서 성공한다는 것은 계란으로 바위가 깨지기를 바라는 것과 같다. 내가 경험해본 바로는 세상 사람들에게 도움이 되기 위해 공부하고, 그 사람들이 모르고 있는 전문지식을 열정적으로 전달해줄 때 '성공'이라는 왕관을 머리에 쓸 수 있다. 배움에 투자하는 것은 일반적으로 은행 적금으로는 상상할 수도 없는 수익률이 나온다.

내가 수강생들에게 추천해주는 책 중 하나가《배움을 돈으로 바꾸는 기술》이다. 이 책에는 이런 말이 나온다.

"배움에 투자하는 것만큼 큰 수익을 주는 것은 이 세상에 없다."

나도 이 책을 추천받고, 받자마자 지하철 출근길에 다 읽어버렸던 기억이 있다. 내가 왜 항상 돈이 없고, 일이 안 되며, 미래가 불투명한지 한 방에 알려준 고마운 책이다. 시간이 된다면 꼭 도서관에서 빌려 보거나 구매해서 읽어보기를 추천한다. 이 책의 저자는 일본에서 유명한 치과의사인데, 매년 자기 관련 분야에 1억 원을 세미나에 쓴다고 한다. 그러니 고객들이 얼마나 좋은 치료를 받을지 상상이 간다. 그 결과 전국에서 소문을 듣고 환자들이 와서 병원 매출이 매년 100억 원 정도가 된다고 한다. 그의 이름은 앞서도 언급했던 이노우에 히로유키다. 이분이 쓴 책은 여러 권 있어서 다 구매해서 보고 있는데, 정말 돈이 아까운 책이 한 권도 없다.

5. 성품의 중요성

69기 이○○ 님은 주변에 어려운 사람들이 있으면 돕기를 매우 좋아하셨다. 후배들이 물어보면 자기 노하우를 알려줬고, 내가 〈머니투데이 신영일의 비즈 정보〉 방송국에 인터뷰 갔을 때도 흔쾌히 도와주겠다고 하셨던 마음 고운 분이셨다. 나는 이렇게 평소 마음이 좋은 분들에게 기회도 오고, 좋은 일이 자석처럼 붙는다고 생각한다. 살아오면서 남을 돕길 좋아하는 사람치고 망하는 사람을 본 적이 없다.

내 주변 인간관계를 보면, 한쪽은 자기만 알고 남에게 피해만 끼치는 부류가 있고, 한쪽은 항상 먼저 도와주려 하고 말 한마디라도 응원해주고 작은 것도 나눠주려는 따뜻한 마음을 가진 부류가 있다. 여기서 이상한 부류는 바로 정리하자. 자기만 아는 사람들은 주변 인간관계가 나쁜 경우가 많고, 하는 일마다 망할 게 뻔하기 때문이다. 좋은 사람들과 함께하라. 그 사람이 귀인이 되어 당신을 도와주는 일이 많이 생기게 될 것이다.

예전에 TM을 처음 시작할 때 한 선배님이 생각난다. 그 센터의 평균 급여는 1,000만 원이었고, 선배님은 그 센터에서 최고 실력을 가진 상담사였다. 자녀는 캐나다에 유학을 가 있고, 선배는 한국에서 돈을 벌어서 보내주는 기러기 부모였다. 그분의 평균 급여는 월급 4,000만 원이었는데, 그때 나의 눈에는 마치 신처럼 보였던 기억이 난다. 한번은 점심시간에 틈을 타서 그분에게 성공비법을 물어본 적이 있다.

"안녕하세요. 선배님, 저는 신입인데요. 혹시 어떻게 하면 월급 4,000만 원을 받을 수 있나요? 노하우를 한 가지만 좀 알 수 있을까요? 제가 계약이 한 달 동안 1건도 없어서 그러니 꼭 좀 도와주세요."

그분은 내 손을 꼭 잡고 나를 교회로 데리고 가셨다.

"우창아, 인생의 문제가 있으면 꼭 교회에 가서 기도를 드리렴. 그러면 하나님이 도와주실 거야."

그 말씀을 하시고는 강대상 위로 올라가셨고, 통성기도를 드리셨다. 아니, 나는 월급 4,000만 원을 받는 비법을 알려달라고 했을 뿐인데, 교회에서 기도하라니 참 이건 뭔가, 하는 생각이 들었다. 그때 이후로 부모님이 다니는 교회를 열심히 다니게 된 계기가 되었다.

그 선배님의 상담을 센터에서 신입에게 자주 들려줬는데, 한 가지 특징이 있었다. 대부분 상담사의 콜을 들어보면, 남에게 이야기하는 것처럼 차갑거나 거리감이 컸다. 하지만 이분은 마치 가족에게 이야기하는 것처럼 친근하고 따뜻했다. 진심이 느껴졌고, 듣고 있는 나도 꼭 가입해야겠다는 생각이 들 정도였다. 《성경》에는 돈을 버는 대부호들이 한결같이 말하는 황금률이 나온다. 바로 '네 이웃을 내 몸처럼 사랑하라'다. 큰돈을 번 사람들은 모두 고객들을 남이라고 생각하지 않는다. 가족이라고 생각하고 좋은 물건, 좋은 품질, 좋은 서비스를 하기 위해 고군분투한 결과 큰돈을 벌게 되는 것이다.

이분의 성공비법도 아마 그런 원리가 아닐까? 고객을 한순간도 남이라고 생각하지 않고, 온전히 가족처럼 대하는 진심에서 계약이 결정되는 것이 아닌가, 생각해본다.

지금의 나를 만든 것은 내 주변에 이렇게 좋은 분들이 함께 계셔서였다. 이분뿐만 아니라 셀 수 없는 많은 스승님이 계신다. 여러분도 혹시 TM을 하게 된다면 꼭 좋은 사람들과 함께하라. 반드시 좋은 일이 생기게 될 것이다.

6. 심고, 거두는 법칙

TM 상담하시는 분들은 반드시 심고, 거두는 법칙을 잘 이해해야 월 1,000만 원을 받으면서 행복하게 일할 수 있을 것이다. 돈을 벌려면 시간을 잘 활용할 줄 알아야 한다. 너무 조급해서도 안 되고, 너무 느긋해서도 안 된다. 하루하루 최선을 다하되 목표와 계획을 잘 짜는 것이 중요하다. 심고 거두는 법칙을 잘 이해할 때 돈과 행복이 여러분들 인생에 찾아오는 기적을 경험하게 될 것이다.

여러분들이 지금보다 100배 성장하고 싶다고 열심히 일만 하면, 과로사로 응급실에 실려 가게 될 것이다. 현명한 방법은 심고 거두는 법칙을 마스터하는 것이다. 심으면 자라서 결실을 가져다주는 것이 자연의 법칙이다. 사과나무를 보라. 한 그루가 수십 개의 사과를 생산하는 것처럼, 비법이라는 TM 나무를 심으면 30배, 60배, 100배의 결실을 하게 되어 있다. 하나하나 내가 만드는 것이 아니라, 비법과 노하우를 공부하면 계약이 주렁주렁 열리게 된다. 이것이 심고, 거두는 법칙이다. 69기 이○○ 님은 100배 성장하는 방법을 알고 계셨다. 만약 열심히만 했다면 목이 많이 상하고, 노력한 만큼 계약이 없어 큰 수입은 만져보지도 못하고 그만두게 되었을 확률이 높다. 콜센터에서 큰돈을 벌고자 한다면, 노력만 하기보다는 제대로 콜하는 법을 배우는 것이 더 큰 결실을 가져온다.

한마디로 한 가지를 배운다는 것은 한 가지를 심는다는 뜻이다. 100가지 노하우를 배우면, 100그루의 나무를 심는 것과 같다. 100개의 노하우를 처음 심을 때는 아무것도 이루어진 것이 없는 것처럼 보이지만, 잘만 가꿔주면 나중에는 그 100그루의 나무에서 열매가 주렁주렁 열리는 날이 오게 된다. 그럼 돈 걱정 없이 살게 되는 것이다. 돈을 쫓아가는 삶이 아닌, 돈이 나를 쫓아오는 삶으로 변하는 것이다. 상상만 해도 멋지지 않은가?

7. 돈은 사람으로부터

많은 돈을 벌고 싶다면 많은 돈을 벌어본 사람의 말을 들어야 한다. 돈을 못 버는 사람들은 남의 말을 듣지 않으려고 귀를 막는 경우가 있다. 책도, 강의도 멀리하는 분들이 고집이 세고, 그 고집으로 잘못된 곳에 투자해서 집안을 말아먹는 경우도 많다.

부자들은 귀가 열려 있다. 잘 듣고 공부해서 통장에 돈이 쌓이게 한다. 경청이 습관으로 자리 잡고 있어 항상 겸손하다. 남의 말을 잘 듣는 사람들은 매우 겸손하다. 반면 내가 듣고 싶은 말만 듣는 사람은 대부분 자기 고집이 매우 강하다. 성공하기 매우 힘든 유형의 사람이다. 나는 돈과 행복은 사람을 통해서 온다고 생각한다. 여러분들 중에서 지금 돈 때문에 힘든 사람이 있는가? 그렇다면 한 가지를 꼭 체크해야 한다. 내 주변에 지금 어떤 사람이 있는가를 봐야 한다. 내 경험상 그들이 나의 연봉을 결정하기 때문이다.

한때 일본에서 세금을 가장 많이 냈던 사람으로, 사이토 히토리가 있다. 그는 억만장자이며, 사람으로부터 돈이 온다고 믿는 분이다. 나는 그가 돈이 많은 것이 중요한 게 아니라, 어떤 생각과 철학으로 돈을 벌었는지가 더 중요하다고 생각한다. 이분은 저서에서 돈을 주는 사람이 기뻐할 수 있도록 자신의 가치를 올리는 투자를 하라고 말한다.

TM이라는 직업은 입사하기가 매우 쉬운 직업이다. 경력과 나이에 상관없이 사회 초년생이 고등학교만 졸업하면 바로 시작할 수 있다. 다만, 보험 TM의 경우 입사 시험을 보험회사에서 진행하다 보니 시험을 봐야 한다. 나머지 TM 센터의 경우는 시험이 거의 없는 것으로 알고 있지만, 간혹 있을 수도 있으니 입사 전에 잘 알아보면 좋을 것이다. 하지만 대부분은 교육만 며칠 받고, 바로 업무에 투입이 된다. 그러다 보니 많은 상담사가 2~3개월간 일하다가 퇴사를 결심하게 된다. 그때 나오는 말이 적성에 관한 이야기다.

'나는 TM 일이 적성에 안 맞나 보다.'

　나도 처음에는 TM 일을 그렇게 생각했다. 내 경험상 그 이유는 딱 한 가지다. 제대로 알려주고, 가르쳐주는 사람이 없기 때문이다. 입사하기는 매우 쉽지만, 억대 연봉을 받기는 하늘의 별 따기처럼 어렵다. 평생 일할 수 있는 평생직장이고, 정년퇴직도 없으며, 수수료도 많이 주고, 어떤 콜센터는 최신식 건물이라 로비가 호텔인지 아닌지 헷갈릴 정도로 좋다. 또한, 콜센터 내부는 최신식 컴퓨터를 제공해주고, 어떤 센터는 모니터를 2개나 제공한다. 콜센터 TM 센터가 돈을 정말 많이 벌기 때문에 이런 게 가능하다고 본다.

　하지만 결정적으로 한 가지를 알려주지 않는다. 그것은 업무를 잘해서 억대 연봉을 받는 비법이다. 이것은 차근차근 공부하다 보면 생각보다 어렵지 않지만, 아무것도 모르는 신입의 경우 준비 없이 하다 보니 꿈도 못 꾸는 다른 세상 사람들 이야기 같을 것이다.

　콜센터는 매우 개인적인 분위기이기 때문에 고소득으로 매달 수천만 원씩 가져가는 사람도 있고, 매달 100만 원밖에 못 가져가는 사람도 있다. 내가 경험한 수많은 TM 센터는 기본적인 업무만 알려주는 경우가 대다수였다. 어떤 곳은 업무 중 잘 모르겠다고 담당 실장님께 물어보면, 이렇게 답변이 돌아왔다.

　"그것도 모르세요?"

이 말을 들으면, 한순간에 바보 취급받는 기분이 들기도 했다. 일부 실장님들이 상담사들의 질문을 못 하도록 원천 봉쇄하는 이유를 묻고 싶다. 본인이 잘 몰라서인지, 아니면 설명하기 귀찮아서인지 말이다.

억대 연봉을 받는 기초도 알려주지 않고, 그냥 월급 100만 원을 받는 기본 스크립트 2장을 딸랑 주고, 고객과 상담하면서 콜타임을 맞추라고 한다. 콜타임은 내가 전문적인 지식이 많고 상담을 잘하면, 자연히 고객이 잘 듣기 때문에 콜타임이 늘어나는 것이다. 절대 앵무새처럼 회사에서 주는 상담 스크립트를 읽는다고 콜타임이 많이 나오는 것이 아니다.

이러한 심각한 교육 시스템을 갖추고 있어서 상담사들의 머리가 아프게 되고, 특히 경험 없는 사회 초년생들은 대부분 퇴사하게 된다. 남는 분들은 경력이 10~20년 되신 나이 많으신 노련한 상담사들뿐이다.

8. 직업 선택의 중요성

내가 10년 넘게 한 직종에 있어 보니 한 가지 보이는 것이 있다. TM이나 어떤 다른 직업이나 돈 버는 원리는 거의 같다는 사실이다. 택배 배달을 잘하는 사람은 포장하는 일도 잘하고, TM 일을 잘하는 사람은 사무직도 잘한다는 것이다. 동일한 시간을 투입해 어떤 일이 더 수입이 높은가에 따라 직업을 선택하게 되어 있다. 아무리 쉽고 편한 직업이라도 월급이 형편없다면, 그 직업을 갖는 것은 반대다. 직업은 인풋 대비 아웃풋이 높아야 한다. 그래서 나는 TM을 선택했다. 원래 내 직업은 특급 호텔 요리사였다. 외국에서 공부도 하고 사업도 했지만, 적어도 하루 12시간을 서서 손님을 응대해야 하는 고된 일이었다. 주말도 없고, 크리스마스도 없고, 명절도 없다. 최소 2~3년은 내 인생이 사라져야 생존이 가능한 직업이다. 그리고 특급 호텔 외식업 쪽은 경쟁이 매우 치열해서 처음 1년은 무보수로 일하겠다는 사람들이 많다. 어쨌거나 우여곡절 끝에 TM이라는 직업을 알게 되었는데, 자세한 내용은 나의 첫 번째 책《청년 백수에서 억대 연봉 콜센터 팀장이 된 비결》에 자세하게 나와 있어 생략하겠다.

아무튼 내가 알게 된 TM 상담사라는 직업은 인풋 대비 아웃풋이 엄청났다. 보험 TM의 경우 잘 공부하고 나서 하루 2시간을 상담하고, 3만 원 계약을 하루 3건 했을 때 일당으로 수령하는 돈은 약 72만 원이다. 한 달이면 주 5일 근무한다고 가정해 약 20일로 계산하면, 월급은 1,400만 원이 훌쩍 넘게 된다. 여기서 간과해서는 안 되는 부분은 '잘 공부하는 것'이다.

항상 소수의 사람이 많은 돈을 번다. 어떤 직업이든 마찬가지다. 성공비법은 항상 공부에서 해답을 찾아야 한다. 이 책을 보는 여러분들은 TM을 잘해서 잘하는 소수에 서길 바란다. 나는 책을 사서 보는 사람과 아닌 사람은 극명하게 차이가 나야 한다고 생각한다. 이 책이 여러분들을 돈을 잘 버는 소수로 만들어줄 거라고 믿어 의심치 않는다. 단, 대충 보는 것이 아닌 절박한 마음으로 볼 때 효과가 극대화되기 때문에 돈을 벌기로 작정하고 보면 큰 수확을 얻을 수 있을 것이다.

9. 더 큰돈을 벌게 해주는 방법

현대 정주영 회장님이 예전에 한 강연회에서 이런 말씀을 하신 적이 있다.

"돈을 벌면 더 사업을 크게 하고, 수입을 더 늘리기 위해 써야 한다. 배우는 데도 아끼지 말고 투자해야 한다. 사람은 배움을 멈출 때 내리막길을 걷는다. 지금의 현대자동차를 만든 것은 평생 배움을 멈추지 않았기 때문이다."

돈은 써야 더 큰돈을 벌게 된다. 69기 이○○ 님도 배움에 투자한 결과 신입은 상상도 못 하는 돈을 벌고 계신다. 돈은 전문지식을 배우는 데 쓸 때 더 크게 불어나는 성질이 있다. 내가 경험해본 바로는 돈은 가만히 두는 게 아니라, 적절하게 필요한 곳에 쓸 때 수입이 늘어나고 연봉도 늘어난다.

이렇게 말하는 사람도 있을 것이다.
"나는 저축해서 부자가 될 거야!"

맞는 말이다. 당연히 저축해야 목돈을 만들고, 내 집 마련도 할 수 있다. 좋은 사람과 만나 결혼도 할 수 있고, 미래에 사고나 위험이 생길 때를 대비하는 든든한 버팀목이 되기도 한다. 하지만 여기서 한 가지 빠뜨린 것이 있다. 저축의 함정은 수입이 늘어나지 않는데, 벌어들이는 수입의 대부분을 저축만 하면 문제가 발

 노후 걱정 없이 평생 월 500만 원 버는 TM 실전 비법 ·)

생한다. 월급쟁이들은 발전이 없으므로 수입이 좀처럼 늘어나지 않을 것이다. 회사를 경영하는 사장님이라면 매출이 늘어나지 않게 된다.

내가 월급을 받으면 적절한 곳에 써야 더 큰돈이 들어온다. 그런데 사람들은 그저 열심히 일하고, 저축을 많이 하면 부자가 된다고 착각한다. 물론 여기서 돈을 쓰라는 말은 아무 데나 막 쓰라는 말이 아니다. 자기 분야에서 최고가 되기 위해 쓰라는 뜻이다.

예를 들어보자. 맛있는 돈가스집을 차린 사장님이 계신다. 그분은 열심히 해서 돈을 많이 벌고 성공하고 싶은 게 꿈이다. 하지만 매장을 차리는 데 인테리어 비용이 1억 원이 들고, 물품과 주방 기구 및 가구 세팅에 광고까지 하게 되면 평균 2~3억 원이 들어가게 된다. 대부분 자영업자 대출로 하므로, 조금만 장사가 안되면 투자한 돈은 고스란히 빚더미로 남게 된다. 살면서 평생 갚아야 하는 나의 족쇄가 된다. 어렵게 매장을 차리고 다 잘되면 좋을 텐데, 신문 기사를 보면, 열 군데 중 여덟 군데가 문을 닫는 형편이다.

자영업 폐업률 신문 기사 제목

"자영업자 폐업률 80% 육박⋯현황은?"

– 〈SBS Biz〉, 2024년 10월 23일 기사

"영끌해서 차렸더니 바로 옆에 또 파스타집"⋯
20·30대 폐업률 심각하네

– 〈매일경제〉, 2025년 5월 13일 기사

이상하다. 분명히 열심히 일하고 저축을 많이 하면 어떤 일을 하든 성공해야 하는데, 장사가 안되어서 문을 닫는 일이 생긴다. 왜 그럴까? 그 이유는 돈은 내가 돈을 쓸 때 들어오기 때문이다. 돈을 쓰지 않고, 돈이 들어오는 일은 없다. 돈가스집 사장님이 저축만 하고, 열심히만 일하면 망하는 이유는 한 가지다. 좋은 음식을 만드는 노하우를 배우는 데 돈을 쓰지 않았기 때문이다. 실내 인테리어에 1억 원을 쓰는 것을 보다 더 중요한 것은 음식을 맛있게 만드는 특급 비법을 배우는 데 돈을 써야 한다. 그래야 그 가게가 성공할 가능성이 커진다. 그 돈은 없어지는 돈이 아니라 100배 1,000배로 불어나는 돈이다. 그래서 몇백만 원도 아깝지 않은 것이다. 중요한 것은 그 노하우와 비법이 진짜인지가 정말 중요하다. 요즘 사기 행위가 많고, 그로 인해 이상한 곳에 돈을 날리는 사람도 많다. 따라서 조심해서 잘 알아본다면 그 돈은 크게 불어나게 된다.

크게 성공한 분들의 자서전을 보면 이런 말이 나온다.
"성공하고 싶다면, 마중물을 준비하라."

마중물은 지하수를 식수로 쓰기 위해 중간에 넣어주는 물을 말한다. 예전에 우리 시골집은 충북 충주였다. 어릴 적 시골집들은 보편적으로 거의 다 상하수도관이 잘 설치가 되어 있지 않고, 바닥 깊은 곳에 지하수를 퍼올려 생활용수로 사용했다.
주변에 TM 영업에서 성공하신 분들, 사업에 성공한 분들, 인간관계에서 성공한 분들을 유심히 관찰해보면 깨닫는 게 있다. 그 사람들은 하루아침에 하늘에서 감 떨어지는 것을 바라지 않았다는 것이다. 하루하루 최선을 다해서 살고, 최선을 다해서 공부하고 책을 보던 분들이다. 그리고 귀중한 시간에 수입을 올려줄 전문지식을 배우러 찾아다니고, 전심을 다해 배웠던 분들이다.

내가 말하는 전문지식은 주먹구구식으로 알려주는 노하우가 아니다. 그 업계에서 크게 성공한 요리 장인이 꼭꼭 숨기고, 아무에게도 알려주지 않는 그런 노하우를 말한다. 저축만 하던 사람들은 돈을 써본 적이 없다. 그냥 모으기만 했던 습관이 있고, 기껏 해야 자녀 등록금이나 집안의 큰일을 치르는 데 썼다. 그래서 대학을 졸업하고 직장만 다니던 사람들은 가게를 차리면 대부분 망한다. 돈을 써본 적이 없고, 노하우를 절실하게 배우러 다닌 적이 없기 때문이다. TM 영업에서 최고가 되고, 돈을 많이 벌고 싶다면 다음의 말을 꼭 기억해야 한다.

"돈은 써야 들어온다!"

10. 마음 다스리기

TM 영업하시는 분들에게 가장 필요한 것이 무엇이냐고 묻는다면, 많은 실적보다 '마음을 다스리는 습관'이라고 말씀드리고 싶다. 69기 이○○ 님도 마음을 잘 다스리는 분이셨다. 나와 상담을 할 때 회사가 없어지는 예도 있었고, 문제가 생겨 충격에 빠지기도 하셨다. 나의 강의를 신청하신 분들을 상담하다 보면, 상담사분들이 고객과 겪는 갈등에 관한 이야기를 많이 듣게 된다. 하지만 상담사들이 상담할 때마다 스트레스를 받는다면 좋은 실적을 낼 수 있을까? 아니다. 상담 중에 발생할 수 있는 여러 가지 문제들로부터 마음을 잘 다스리면 일하는 게 즐겁고, 신나며, 실적도 따라온다.

예전에 나도 계약에만 매달리다가 몸과 마음이 지쳐 병원에 입원한 적이 있었다. 링거 주사를 팔에 맞으면서 계약보다 더 소중하고, 귀한 것은 내 몸과 마음인 것을 깊이 깨닫게 되었다. TM 영업하시는 분들은 많은 고객과 상담을 진행한다. 많게는 하루에 200명 이상의 고객과 상담하다 보면, 어쩔 수 없이 감정이 상할 만한 말이나 상황을 맞이하게 된다. 그러면 그때마다 '이놈의 직장 그만둬야지'라고 생각하므로 점점 쌓이면 문제가 생기게 된다. 나는 상담사 여러분에게 실적과 계약보다 즐겁게 일할 수 있게 해주는 마음의 평화를 더 강조하고 싶다. 어떤 환경에서도 나를 지켜주는 것은 내 마음이기 때문이다.

그러면 어떻게 상담하면서 마음의 평화를 항상 누릴 수 있을까? 베스트셀러 작가이자 세계적으로 존경받는 철학자 웨인 다이어(Wayne Dyer)는 《마음의 태도》에서 "'당신 말이 맞는 것 같아요'라고 부드럽게 대꾸하세요. 설마 사실이 아닐지라도요. 그러면 갈등이 벌어질 상황이 해소되고 감정이 상할 일도, 상대를 함부로 판단하는 일도 없어집니다. 당신이 바라는 것은 당신이 옳은 것도, 상처받는 것도, 화가 나거나 원망이 생기는 것도 아닌 평화라는 것을 잊지 말아야 합니다"라고 말했다.

   노후 걱정 없이 평생 월 500만 원 버는 TM 실전 비법 •))

가끔 머릿속이 복잡하고 마음이 불안할 때 웨인 다이어의 책을 자주 보는데, 보면 깊이 있는 통찰력과 깨달음을 줘서 멘탈 관리에 효과가 매우 좋다. 여러분들도 꼭 한 권씩 책상 위에 올려놓고 읽어보시길 추천드린다.

고객과 상담하면서 상처받는 원인은 '내 말이 맞고, 당신 말은 틀리다'라고 생각하기 때문이다. 앞으로는 고객이 틀린 말을 해도 "당신 말이 맞는 것 같아요"라고 해보자. 부부 싸움의 90%는 내 의견이 옳고, 당신은 틀렸다고 하는 것에서 시작된다. 다른 사람의 의견은 다 틀렸다는 생각은 잠시 접어두자.

머릿속이 복잡하고 혼란스러울 때는 웨인 다이어 작가의 책 등을 책상 위에 항상 비치해두자. 그리고 점심을 먹고 난 후라든지, 아침에 좀 일찍 출근해서 따뜻한 커피 한 잔과 함께 본다든지 하면, 상담에 큰 도움을 받을 수 있을 것이다.

나는 거의 매일 스타벅스에서 커피를 마시며 책을 보는데, 정말 갈 때마다 행복한 기분이 든다. 옆 사람이 시끄러운 경우를 대비해 이어폰도 준비해서 가면, 조용히 책을 보는 데 도움이 된다.

여러분도 마음을 다스리는 습관으로 책을 자주 보자. 평안함과 고요함이 찾아오게 되고, 실적도 더 잘 나올 것이다. 그러면 자연스럽게 일에 더 집중할 수 있고, 고객들과 상담 시에도 차분하고 전문가 느낌을 더 줄 수 있다. 예를 들어 상담을 진행하는데 오두방정을 떨면서 하면, 고객들은 상담사의 자질을 의심하게 될 수도 있기 때문이다.

3장

텔레마케팅으로
돈 버는
핵심 노하우

정년이 없는
직업의 조건

고객이 원하는 상담을 하자

고객들은 어떤 상담을 할 때 계약하고 싶은 생각이 들까? 일본 최고의 세일즈맨이자 일본 푸르덴셜 생명보험 사상 최단기간에 영예의 이그제큐티브 라이프플래너 자리에 오른 사람. 전국 2,000명 영업인 중 1위에게 수여하는 PT(프레지던트 트로피)를 거머쥔 사나이 가와다 오사무(川田 修). 그는 《가방은 손수건 위에》에서 "나는 상담을 끝내고 돌아갈 때 다 마신 찻잔을 고객의 찻잔 쪽으로 밀어두고 나온다. (중략) 어린 시절 어머니를 통해 배려를 배웠다. 다 먹은 그릇을 부엌으로 가져가면 어머니는 항상 '개수대에 그냥 올려놓지만 말고 이렇게 물을 조금 부어 놓으면 나중에 설거지하는 사람이 편하단다' 하고 일러 주셨다. 대학 시절 사귀던 여자친구 집에 놀러 갔을 때 실천했다가 '정말로 자상한 남자'라며 여자친구의 어머니께 엄청나게 칭찬받은 일도 있었다"라고 말했다.

많은 상담사분이 말을 잘하고 똑똑하면 계약을 많이 한다고 생각하지만, 그것은 절대 오산이다. 내가 생각하는 가와다 오사무 씨의 비법은 고객을 위한 배려다. 비단 찻잔뿐이랴. 상품설계 및 보상청구 등 안 봐도 얼마만큼 신경 쓸지 보인다. 세일즈, 영업, 판매란 이런 배려가 기본이 된 상태에서 이루어져야 한다. 쉽게 말해 고객이 '이 상담사가 나를 진심으로 배려해주고 있구나' 하고 느껴야 한다. 하지만 초보 상담사들은 고객으로 하여금 '이 상담사가 나한테 계약하려고 하는구나!'라는 느낌을 주어 실패한다.

내가 차를 사러 자동차 판매장에 간다고 가정하면 가장 먼저 무엇을 볼 것인가? 나는 차를 고를 때 자동차의 상태보다 판매원의 태도를 더 중요하게 본다. 돈가스집에 가도 맛있는 음식이라는 자부심이 지나쳐 손님들에게 함부로 하는 곳은 다시 가지 않는다. 고객들도 마찬가지다. 매일 전화로 고객들을 만나 상담하는 분들은 느낄 것이다. 말을 잘하고 똑똑해 보일 때보다 내가 고객을 배려하고, 공손하게 말할 때 고객에게 더 신뢰를 준다는 사실을 말이다.

고객들 입장에서는 10년, 20년 함께할 동반자를 선택하는 자리다. 그 자리에서 내가 반짝이는 것이 중요할까? 상담사의 현란한 기술에 속아 상품에 가입했던 경험이 누구나 한 번쯤 있을 것이다. 대부분 결과가 좋지 않고, 쓰레기통으로 들어가는 경우가 많다. 나도 예전에 현란한 광고에 속아 양말을 구매한 적이 있었는데, 한 번 신고 자꾸 벗겨져서 그대로 쓰레기통으로 들어간 양말들이 수두룩하다. 암튼, 고객들이 중요하게 생각하는 것은 현란한 기술이 아니다. 고객들을 배려하면 할수록 이 고객을 10년, 20년 지켜주고 돌봐드리겠다고 생각하게 된다. 마치 결혼을 결심할 때 배우자의 경제력도 보지만, 배려심을 더 중요하게 생각하는 것처럼 말이다.

상품보다
중요한 것

고객의 심리를 잘 이해하자

상담할 때는 바로 계약으로 연결하는 방법을 알아야 한다. 그것은 바로 고객의 심리를 잘 이해하는 것이다. 상담하자마자 "상담사님 바로 가입할게요. 어떻게 하면 되죠?"라고 하는 고객들은 없다. 대부분 싫다고 하고, 나중에 전화 달라고 하고, 바쁘다고 하고, 별의별 이야기가 다 나온다. 그러면 그런 말을 하는 고객들을 그냥 다 보내드리는 게 정답일까? 여기서 공부한 상담사와 안 한 상담사가 갈리게 된다. 공부한 사람은 고객의 마음을 잘 이해하고, 내가 전화한 이유와 고객에게 어떠한 도움을 줄 수 있을지를 잘 설명한다. 그리고 바로 클로징을 통한 계약 진행을 하게 된다. 반면 공부 안 한 사람은 고객의 말에 화를 내거나 짜증을 내고, 좋은 고객들을 놓치는 일이 자주 발생한다.

한번 생각해보자. 고객이 바쁘다고 하는데, 진짜 바쁜 고객이 전화를 받을 수 있을까? 부재중이거나 바로 끊어버렸을 것이다. 전화를 받은 고객이 걱정하는 것은 '이 상담사가 진짜 ○○카드에서 일하는 상담사인가?', '이거 보이스피싱 아닌가?'일 수 있다. 대부분 상담사는 이 부분을 망각한 채 좋은 스크립트만 있으면 계약이 나오니까 열심히 해보자, 하며 오늘도 열심히 상담한다. 중요한 것은 스크립트보다 고객의 심리를 잘 아는 것이다. 이런 고객들의 마음을 잘 다독이는 능력이 곧 계약을 잘하는 능력이 된다. 고객들이 내 전화를 받았다는 것은 그만큼 시간이 되기 때문이다. 그런 고객에게 "안녕히 가세요"라고 말하는 것은 고객 상담을 잘하는 것이 아니다. 반드시 고객의 심리를 알아야 한다.

고객들은 상담사의 목소리를 본다

일반적으로 콜센터 영업 현장에서 계약을 잘하는 분들을 보면, 한 가지 특징을 발견할 수 있다. 그분들의 목소리는 대부분 상냥하고 정중하며, 감정을 너무 드러내지 않으면서도 듣고 있으면 고객들이 안정감을 느낀다. 고객들은 말의 내용보다 신뢰와 마인드를 본다. 그래서 회사에서는 알려주지 않지만, 내 말투를 항상 점검해야 한다.

예를 들어 남편이나 아내와 다투고 출근하면, 그날 상담은 기분이 매우 다운된 상태로 진행될 확률이 높다. 그래서 어떤 상황에서 상담하더라도 내 감정을 잘 다스리는 것이 중요하다. 어떤 수강생분이 이런 말씀을 하셨던 기억이 난다.

"작가님, 오늘 3건 계약 달성했어요. 결국은 정신력 싸움인 것 같아요."

나의 멘탈을 내가 어떻게 조절하는가에 따라 그날의 상담이 좌우된다. 그래서 항상 목소리 톤과 말투를 일정하게 유지하는 것이 중요하다.

예전에 연봉 3억 원을 받는 분의 상담을 우연히 듣게 된 적이 있었다. 들어보니 상담 내내 고객은 무뚝뚝했고, 관심 없는 것 같이 보였다. 하지만 그분은 베테랑 상담사라 그런지 무뚝뚝한 고객을 당연하게 대했다. 전혀 주눅 들거나 두려워하지 않고, 처음부터 매우 기분 좋은 일이 있는 사람처럼 상담했다. '참 대단한 능력을 갖추고 있네'라는 생각이 들었다. 그분은 고객의 반응에 상관없이 일관되게 상냥하고 정중한 어투로, "고객님, 저는 ○○○입니다. 바쁘신데 전화 받아 주셔서 감사드리고요. 제가 연락드린 이유는 ○○○ 기간이라서 고객님들 한 분 한 분에게 안내해드리고 있는데요. 좋으신 건…" 하면서 상담 내내 고객에게 도움이 되려고 노력했다. 내용이 매우 전문적이고, 공손한 표현을 사용하는 것이 칭찬할 만한 부분이었다. 대부분 고객이 무뚝뚝하거나 반응이 없으면, "어디 마음에 안 드는 부분이 있으신가요?"라고 하며, 고객과 상담을 종료하고 싶기도 할 텐데 말이다.

목소리는 안정감 있고 차분하게

정리하자면, 상담원들의 목소리는 고객이 듣기 좋도록 내 감정이 너무 드러나지 않도록 하는 게 중요하고, 안정감 있고 차분한 것이 좋다. 그리고 정중한 말투로 너무 지루하지 않도록 리듬을 주면서 고객이 집중하도록 하는 게 좋다. 목소리의 속도도 너무 빠르면 고객이 듣다가 도망갈 수 있으므로 적당히 빠른 느낌이 좋다.

나는 수강생분들에게 목소리 훈련을 하루에 10분 이상 하라고 권한다. 예전에 가전제품 쪽 비데와 정수기 영업하시던 분이 연락을 주셨던 기억이 난다. 너무 영업이 어려워 코칭을 받고 싶어 하셨다. 그래서 회사 코칭부터 다시 해드리고, 목소리 코칭을 매일 20~30분씩 해드렸더니 결국 월급을 1,500만 원 받는 기적 같은 일이 벌어지기도 했다.

상담사라면 전문적 훈련을 통해 발음 교정, 발성 연습, 적당한 속도, 신뢰할 수 있는 태도 등 체계적인 교육을 받는 것을 시작해 보시길 바란다. 혼자 하기 힘들면 교육기관이나 유튜브에도 많이 나와 있다. 내가 실제로 해본 결과, 교육기관을 통한 훈련이 비교할 수 없을 만큼 큰 도움이 되었다. 내 수입과 바로 연결되는 부분은 비용을 아까워하지 말자. 가르치는 분이 진짜 실력자라면, 반드시 내 수입과 직접적으로 연관이 될 것이다.

어떻게 아냐고 묻는다면, 나도 훈련을 받기 위해 여러 교육기관을 다녀본 경험이 있기 때문이다. 물론 돈을 아껴야 할 곳은 반드시 아껴야 한다. 하지만 고급 자동차나 명품 가방에는 돈을 펑펑 쓰면서 내 수입과 직결되는 교육에는 10원도 쓰지 않는다면, 그 사람의 미래는 불투명할 것이다. 어떤 직업을 가져도 수입을

올리는 방법을 모르니 빠듯한 생활비로 항상 돈 걱정을 하며 살
게 된다.

　최근에 SBS 〈생활의 달인〉이라는 프로그램에 1억 원을 모은 20
대 직장인이 나와 대단히 놀란 적이 있다. 저축은 현금을 모으는
일이다. 현금은 일하지 않는다. 부자들은 주식과 부동산과 금 등
여러 방법으로 자산을 불리고, 그 불어난 자산으로 생활비를 쓰
고, 노후를 행복하게 보낸다. TM을 성공하는 방법도 이와 같다.
생각보다 내 수입을 늘려주는 일에는 돈을 아까워하는 분들이 많
은 것 같다. 세계 최고 부자인 빌 게이츠(Bill Gates)나 워런 버핏
(Warren Buffett)만 봐도 자본주의 사회에서는 현금을 모으기만
하는 것보다는 투자를 통해 자산을 불려야 한다. TM도 자신에 대
한 투자가 중요하다는 것을 잊지 말길 바란다.

노후에 부자 되는
상담사 특징

이건희 회장님은 "부자가 되고 싶다면, 부자들의 줄에 서라"라고 말했다. 나는 TM 영업을 잘하고 싶은 분들이 계신다면, 이건희 회장님처럼 말씀드리고 싶다.

"부자 상담사가 되려면, 먼저 부자 상담사들의 줄에 서세요."

부자 상담사가 되려면 어떻게 해야 할까?

가장 먼저 해야 할 일은 가난한 상담사의 습관에서 탈출해야 한다. 그것이 유일하게 부자 상담사가 되는 방법이다.

가난한 상담사의 습관은 이렇다.

· **툭하면 지각함.**

· **조퇴가 잦음.**

· **업무에 집중 못 함.**

· **상품이나 스크립트 공부를 안 함.**

· **운동 부족으로 조금만 힘들면 피곤해짐.**

· **책과 강의를 멀리하고, 무조건 열심히만 함.**

· **실장님과 자주 의견 충돌이 생기고 다툼이 잦음.**

부자 상담사의 습관은 이렇다.

· **항상 30분~1시간 먼저 출근함.**

· **업무에 집중할 때는 옆에 사람이 죽어도 모를 정도임.**

· **평소 하루에 30분은 업무 관련 책이나 강의를 들음.**

· **하루에 10분 이상 운동을 꾸준히 해서 체력을 높임.**

· **사람을 좋아해 대화를 해보면 따뜻함이 느껴짐.**

· **실장님들이 좋아하는 것을 알아내서 기쁘게 해드리기 위해 노력함.**

· **센터를 위해 무엇을 할까를 항상 연구함.**

자, 눈을 감고 1분만 생각해보자. 나는 지금 어떻게 업무를 진행하고 있는가? 내 습관이 운명을 결정한다!

긍정 언어를 내 몸에 배게 하자

서점에 가서 좋은 책들을 보면 말을 조심하라고 나온다. 억만장자들도 긍정 언어를 통해 부자가 되었다고 말한다. 나는 지금 어떤 말을 하고 있는가? 말버릇이 운명을 좌우하기도 하므로, 나는 내 입에서 부정 언어가 나가는 것을 매우 조심하는 편이다. 지혜로운 사람들은 어려움에 부닥친 상황에서도 좋은 말을 많이 해서 그 위기를 모면한다. 반면에 가난하게 사는 사람들은 위기와 어려움이 오면 신세 한탄을 하고, 자포자기하는 말을 많이 한다. 그 차이는 엄청나다.

일본 억만장자 사이토 히토리는 《상위 1% 부자의 통찰력》에서 "사랑을 바라는 사람은 '사랑'이라는 단어를 천 번 이상 말하는 겁니다. 저는 '사랑, 사랑, 사랑…' 말하는 사이에 사랑이란 뭐지, 하는 생각이 들었습니다. 사랑을 천 번 이상 말하다 보면 이런 것을 깨닫고, 사랑이 마음속에 가득 차게 됩니다. 그러면 사랑을 가진 사람이 주변에 모이게 됩니다"라고 말했다.

만약, 월급을 3,000만 원을 벌고 싶은 사람들은 하루에 1,000번씩 "매달 3,000만 원을 벌자"를 외쳐야 한다. 그러면 그 사람의 마음속에 3,000만 원을 받는 모습이 꽉 차게 된다. 월급을 매달 1억 원을 벌고 싶은 사람은 억만장자의 습관을 이용해 이룰 수 있다. 똑같이 하루에 1,000번씩 "나는 매달 1억 원을 벌 것이다"라고 외치는 것이다. 그럼 어떤 결과가 나올까? 사이토 히토리의 말에 의하면, 내 월급을 올려줄 사람이 주변에 나타난다고 말한다. 내 월급을 올리기를 간절히 바라는 사람에게는 그에 맞는 환경이 찾아온다는 말이다. 마치 맥도날드 햄버거를 온종일 말하고 다니면, 주변에 맥도날드 매장을 찾게 되고, 온종일 억대 연봉을 외치고 다니면 그에 맞는 책과 강의를 찾게 된다는 말이다.

억만장자들과 아닌 사람들의 차이가 바로 이것이다. 원하는 것을 이루는 사람과 이루지 못하는 사람의 차이는 종이 한 장 차이다. TM도 똑같다. 1등과 꼴등의 차이는 종이 한 장 차이다. 바로 생각의 차이다. 목표를 하루에 1,000번 말하는 게 중요한 것이 아니다. 1,000번 말하면 이루어진다는 말은 그만큼 간절하다는 말이다. 억대 연봉 상담사는 다른 세상 사람의 이야기가 아니다. 누구나 따라 할 수 있고, 누구나 소원을 이룰 수 있다. 자, 확언하자. 그리고 소원을 이루자.

"나는 내가 원하는 월급을 정한다."
"매일 1,000번씩 외칠 것이다."
"하루도 빼놓지 않고 실천할 것이다."
"원하는 액수를 달성하고, 감사할 것이다."

곤경에 처하지 않는 방법

TM을 하다 보면 원하는 결과가 잘 안 나올 때가 있다. 그럴 때 어떻게 하면 좋을까? 사이토 히토리는 《부자의 운》에서 "지구상에서 웃을 수 있는 동물은 인간뿐입니다. 그렇다면 왜 인간에게 웃을 수 있는 능력을 줬을까요? 웃음이란 인간이 곤경에 처하지 않도록 신이 부여한 능력이라고 생각합니다"라고 말했다.

원하는 결과가 잘 안 나오고 의기소침해진다면 꼭 기억하자. 아주 쉽고 간단한 습관이다. 그냥 웃는 것이다. 잘되는 상담센터는 항상 거울을 모니터 옆에 두라고 가르친다. 그 이유는 상담사의 얼굴 모양이 고객들에게 목소리로 나타나기 때문이다. 웃음은 굉장한 힘이 있다. 여러분도 경험이 있을 것이다. 집안에 좋은 일이 있을 때 출근해서 상담하면 이상하게 계약이 잘된다. 그 이유는 내 기분이 좋은 상태이고, 웃음이 넘치기 때문이다. 또, 어떤 날은 열심히 상담하지만, 계약이 잘 안될 때가 있다. 내 표정에서 웃음기가 사라지고, 너무 진지할 때다. 그럴 때는 빨리 웃는 얼굴로 바꿔보자. 가끔 나도 화장실에서 손을 닦으면서 거울을 보다가 깜짝 놀라는 때가 있다. 내 얼굴이 근심과 걱정에 굳어져 있을 때 거울을 보면 '오늘 하루 종일 내 표정이 저랬다고? 이거 큰일 날 뻔했네. 얼른 바꾸자'라고 생각하고, 바로 태도를 고친다.

여러분도 일이 잘 안 풀릴 때는 사이토 히토리의 조언대로 신이 우리에게 부여한 능력을 사용해보자. 억만장자가 해주는 조언인데 설마 효과가 없을까? 내가 웃으면 나도 기분이 좋지만, 상대방도 매우 기분이 좋아진다. 상담할 때는 나의 세상이다. 세상이 아무리 각박하더라도 휩쓸리지 말고, 일할 때는 나의 세상에서 활짝 웃어보자. 눈치 보지 말고 말이다. 세계적인 방송인 오프라 윈프리(Oprah Winfrey)가 이런 말을 했던 것이 기억난다.

"당신은 움츠리기보다 활짝 피어나도록 만들어진 존재입니다."

거절을 두려워하지 않는 방법

고객 입장에서 생각해보자

현직에 종사하고 있는 TM 상담사의 90%는 고객의 거절을 두려워한다. 고객이 거절하는 것 때문에 두려워서 TM을 시도도 못하는 분들도 상당히 많다. 건당 40만 원을 버는 TM이라는 직업을 경험도 못 해보고 그만두는 경우가 많다. 그 이유는 무엇일까? 자신감을 가지고 상담을 끌고 가야 하는데 그렇지 못하기 때문이다. 걱정이 앞서면 자신감이 떨어진다.

'고객이 싫다고 하면 어떡하지?'라는 생각은 걱정을 키우기만 할 뿐, 절대 도움이 되지 않는다. 상위권의 잘하는 분들은 이 부분을 잘 통제할 줄 아는 지혜가 있다. TM 센터마다 대비책을 마련하고 있으니 좋은 회사에서 잘 공부하면, 고객들의 거절은 눈 녹듯이 사르르 해결될 것이다. 어떤 분은 이런 이야기도 해주셨다.

"고객들 거절만 없다면, 정말 천국이 따로 없을 것 같아요."

나 또한 처음에는 너무 무섭고, 떨렸다. 전화기 너머에서 들려오는 고객의 목소리가 두려웠다. TM 신입생들이 가장 어려워하는 부분이 상품 안내 후 고객의 거절이다. 누구나 듣기 싫은 이야기를 하면 기분이 좋지 않으니까 말이다.

이러한 거절을 대처하는 비법은 '입장을 바꿔 생각해보는 것'이다. 생각해보자. 처음 대하는 고객에게 상품 안내를 했는데 거절을 당했다고 하자. 그러면 그 고객은 내가 싫어서 거절한 것은 아닐 것이다. 아침부터 저녁까지 직장에서 바쁘게 일하고 있거나 운전 중일 경우에 걸려 오는 전화는 나라도 화를 낼 수 있다.

이 부분을 개인적인 감정이 있어서 나를 거부한다고 생각한다면 마음에 상처가 되지만, 그 상황을 이해한다면 고객이 화내는 것도 충분히 이해하게 된다. 결국 이해심과 배려심이 많은 사람일수록 하루 1건 계약을 하고, 매일 수입 40만 원을 달성하기가 점점 쉬워진다. 사실 처음부터 계약을 잘하는 분들도 계신다. 그런 분들은 평소 가족들이나 지인들에게 이해하고, 배려하려고 노력했던 분들이었을 확률이 높다. 통화해보면 금방 안다. 목소리도 따뜻하고, 성격도 부드럽다. 마인드 컨트롤이 평소 잘되는 분들이면, 고객들과 계약을 체결하는 데 많은 도움이 될 것이다.

TM을 많이 하다 보면 처음에는 무서워 도망갔더라도 나중에는 감각이라는 게 생긴다. 많이 화가 난 고객에게도 다음과 같이 대처할 수 있다.

"아, 고객님 바쁘셨나 봐요? 중요한 사항이라서 그런데 몇 시쯤 통화가 가능하실까요?"

이 정도로 감각을 발휘하는 경지까지 올라간다면, 그 상담사는 분명 높은 실적을 달성할 충분한 자질을 가진 것이다. 반면 그냥 무의식적인 거절도 있다. 이런 분들에게는 상담을 계속 이어 나가야 한다.

"아, 고객님 바쁘시죠? 중요한 사항이라서 그런데 한 가지만 전달해드리고 금방 통화 종료해드릴게요. 최근 건강검진을 많이 가시잖아요. 혹시라도….."

이 두 가지 거절 처리 방법은 스스로 경험을 쌓으면서 습득해야 한다. 정말 바쁘거나 운전 중 사고가 날 것 같은 사람에게는 절대 계속 통화를 요구해서는 안 된다. 노하우가 점점 쌓이면 차를 옆에 대고 통화하는 일도 있지만, 초보 시절에는 경험이 없으므로 잘 분별해서 통화가 편한 분들하고만 상담하기를 추천한다.

전문 상담사의 거절 처리 예시

실제 고객과 통화 시 하는 멘트를 예로 들어보자. 초보 상담사와 프로 상담사의 차이를 보면 답이 나온다. 어떻게 거절 처리를 해야 하는지 구체적으로 설명해보겠다.

1. 초보 상담사와 프로 상담사의 거절 처리

<초보 상담사>

고객 : "나중에 전화해주세요."

상담사 : "고객님이 하신다고 해서 전화한 거거든요. 그러면 언제 또 전화할까요?"

<프로 상담사>

고객 : "나중에 전화해주세요."

상담사 : "네, 고객님 알겠습니다. 나중에 전화할 건데 이것 한 가지만 꼭 알고 계시면 좋아요(수긍 멘트). 오늘 신청하셔도 되시는 게 저희가 생각해볼 시간을 충분히 30일을 드리는 거고요. 카드번호, 유효기간을 여쭤보는 것 없이 간단하게 건강 조건만 몇 가지 여쭤보고 서류가 나가세요(안심 멘트). 혹시 영화배우 ○○○ 씨 아시죠? 그분이 코 뒤에 암이 생기는 비인두암에 걸렸는데요. 아주 예민한 부위고, 코를 잘라내지 않는 이상 그렇게 종양을 제거할 수 없다고 해요. 코 뒤에 있어서 일본 가서 1억 원짜리 치료를 받았다고 하잖아요(사례 멘트)."

프로상담사들은 고객들의 반론에 수긍하고, 안심시키며, 사례를 제시한다. 초보 상담사들처럼 성의 없이 아무렇게나 상담하는 게 아닌, 체계화된 멘트로 고객들에게 신뢰를 주고 계약을 끌어낸다.

앞선 프로 상담사의 상담을 구체적으로 살펴보자.

(1) 수긍 멘트

"네, 고객님 알겠습니다. 나중에 전화할 건데 이것 한 가지만 꼭 알고 계시면 좋아요."

고객의 거절에 가장 먼저 취해야 할 대처 방법은 수긍해주는 것이다. 어떤 상담사는 고객이 말하고 있는데 중간에 끊어버리고, 자기 이야기만 하는 경우가 있다. 그러면 고객은 기분이 나빠 아무리 좋은 상품이라고 해도 가입을 결정하지 않는다. 대부분의 거절은 상품의 좋고, 나쁨보다 상담사의 대처 방법이 미흡한 경우에 많이 나온다. 고객이 하는 이야기가 아무리 기분 나빠도 일단은 먼저 수긍을 해주자. 고객도 사람인지라 자신이 한 말이 좀 심해도 수긍을 잘해주면 상담사에 대한 미안한 마음이 들고, 오히려 나중에는 죄송하다고 하고 계약하는 예도 많다.

(2) 안심 멘트

"오늘 신청하셔도 되시는 게 저희가 생각해볼 시간을 충분히 30일을 드리는 거고요. 카드번호, 유효기간을 여쭤보는 것 없이 간단하게 건강 조건만 몇 가지 여쭤보고 서류가 나가세요."

고객들이 계약을 망설이는 경우가 있다. 대부분은 상담사를 신뢰하지 못하는 경우다. 그럴 때 반드시 결제 정보나 청약 철회에 관한 이야기를 해주면서 고객이 불안하지 않도록 해주는 것이 중요하다. 안심이 되지 않은 상태에서는 상담 시간이 아무리 1시간이 되었다고 해도 고객은 계약할 생각을 하지 않는다. 상담과 계약은 엄연히 다른 것이다. 고객이 무엇을 불안해하고 두려워하는가? 꼭 잘 살펴서 상담하면 좋은 결과로 이어질 것이다.

(3) 사례 멘트

"혹시 영화배우 ○○○ 씨 아시죠? 뉴스에 나왔다시피 그분이 코 뒤에 암이 생기는 비인두암에 걸렸는데요. 아주 예민한 부위고, 코를 잘라내지 않는 이상 그렇게 종양을 제거할 수 없다고 해요. 코 뒤에 있어서 일본 가서 1억 원짜리 치료를 받았다고 하잖아요."

사례 멘트는 주로 뉴스나 연예인 이야기를 하는 것이 신뢰를 주는 데 효과적이다. 최근에 계약한 고객님 이야기도 좋은 사례가 될 수 있다. 예를 들면 "어떤 고객님은 ○○ 병력이 있으셨는데, ○○ 보험사에서 거절이 나오셨거든요. 그런데 저희 쪽에 가능하냐고 물어보셔서 한번 넣어보자고 했거든요. 결과를 보니 통과되셔서 너무 좋아하시는 거예요"라는 식의 상담도 아주 좋은 사례가 된다. 사례를 제시할 때 주의 사항은 자신 있게 생동감을 실어서 진실하게 말하는 것이다. 꾸며낸 것처럼 하거나 책 읽듯 말하면 영혼이 없는 죽은 상담이 된다.

수긍 멘트, 안심 멘트, 사례 멘트를 꼭 기억해서 활용해보면 좋은 결과로 이어질 것이다. 프로처럼 보이는 상담은 철저히 준비해야 한다. 아파트 건물도 대충 아무렇게나 건설하면, 태풍 같은 상황에서 부실 공사로 인해 무너지게 된다. TM은 너무 조급하게 생각하면 스트레스를 받는다. 거절 처리에서 중요한 것은 공부한 상태에서 전화가 들어가는지, 아니면 아무 준비 없는 상태에서 들어가는지 꼭 확인해야 한다. 너무 조급해하지 않고 천천히 매일 실력을 쌓고 공부하면, 거절 처리도 능숙하게 된다. 처음에는 누구나 두렵고 떨린다. 초보이기 때문에 그렇다. 하지만 절대 주눅 들지 말고 자신감을 가지고 공부하는 자세로 하면, 좋은 일이 많이 일어나게 될 것이다. 그러면 돈은 자동으로 따라오는 곳이 TM 센터다.

즐겁게 일하면 직장이 천국이 된다

TM은 멘트를 어떻게 하냐에 따라 똑같은 고객인데, 계약 여부가 결정된다. 그래서 상담사들의 월급이 천차만별인 곳이 TM 분야다. 지금 DB를 탓을 하고, 센터 탓을 하며, 실장님 탓을 한다면 내가 지금 어떻게 상담하고 있는지 꼭 확인해보길 바란다. 초보처럼 상담하면 고객이 이 상담사의 전문성에 대해 의심한다. 그러면 아무리 좋은 DB를 줘도 계약이 안 나오는 일이 생기게 된다. 거절 고객을 어떻게 상담하느냐가 TM에서 가장 핵심이다.

'너가 뭔데 나를 거절해?'라는 식의 태도는 큰일 난다. 화를 내면서 거절 처리를 하게 되면 건강에도 좋지 않다. 그리고 화로 인한 스트레스로 병이 나게 된다. 두통약을 먹으면서 상담하시는 분들도 종종 보게 된다. 그런 분들은 자신이 어떤 멘트를 쓰고 있는지 전혀 모르고 있을 확률이 높다. 계약률도 완전히 바닥을 치게 되어 있다. 매일 출근해서 화부터 내면서 상담하는 분들은 다른 직종을 알아보는 게 좋다. 자신의 건강을 해치면서 돈을 벌면 무슨 의미인가? 나중에 병원비만 더 나올 게 뻔하다.

일이란 먼저 내가 즐거워야 한다. 일을 하면서 나도 즐겁고, 고객도 즐거운 것이 가장 최상이다. 그러면 그 직장은 지옥이 아니라 천국이 된다. 회사에 갈 맛도 나고, 상담도 즐겁게 하게 되며, 돈도 벌게 되고, 노후 걱정도 없게 된다. 100세 시대에 누가 나에게 매달 500만 원을 줄 수 있는가? TM은 가능하다. 대부분 나이 들면 몸을 쓰는 일을 하는 것을 많이 봤다. 몸이 여기저기 아픈데 일도 나가야 하면 고통스러운 일이 아닐 수 없다. 하지만 TM은 평생직장이다. 내가 목소리만 나오면 나이가 80세가 되어도 할 수 있는 직업이 텔레마케팅이다. 실제로 80세인 상담사분이 억대 연봉을 받는 모습을 많이 봤다. 나이는 요즘 물어보지 않는 이상 70세인지, 80세인지 구분이 안 된다. 그러니 프로 상담사처럼 철저히 준비를 갖춰서 즐겁게 일하자.

초보도 바로 쓰는
기본 멘트 구조

바로 쓸 수 있는 좋은 멘트

초보도 바로 쓸 수 있는 TM 영업 멘트에서 중요한 점은 '상품을 권유할 때 고객이 스스로 선택하게 하는 것'이다. 가입을 강제로 하게 하면 계약은 나오지만, 그 고객은 취소할 확률이 매우 높기 때문이다.

다음은 실제로 억대 연봉을 받는 상담사의 멘트 중 일부를 가져왔다. 어떻게 고객에게 선택하게 하는지 나쁜 표현과 좋은 표현을 같이 보자. 실제로 내 수강생 중에는 보험 TM을 하시는 분들이 많은데, 암보험과 치아보험을 많이 판매하신다. 그 이유는 심사 기준도 좋고, 초고령화 사회에 100세까지 사는 노령층 인구가 가파르게 증가하고 있기 때문이다. 이 연령층이 주요 가입 대상자라고 할 수 있다. 보험에 대한 수요는 누구나 있지만, 특히 병력 있는 분들이 가입을 선호하기 때문에 심사 기준이 까다로우면 TM

상품으로 만들기 힘들다. 대부분의 TM 상품은 병력이 있어도 가입이 가능한 상품이 주를 이룬다. 힘들게 일했는데 가입이 어려우면, 그 센터는 문을 닫게 된다. 열심히 일한 TM 상담사들은 그래서 가입이 잘되는 상품을 선호한다. 그래서 억대 연봉자들이 암보험과 치아보험, 상해보험 같은 TM 전용 상품을 많이 판매하고 있다. 대면 설계사분들에게는 판매가 막혀 있는 경우가 많아 이 상품을 보면 깜짝 놀라기도 한다. 그래서 아이러니하게도 계약이 잘 나오는 직업군 중 하나가 보험 설계사다. 보험 TM을 사례로 한번 어떻게 상담하는지 잘 살펴보자.

1. 암보험

<나쁜 표현>

"고객님, 지금 가입하세요. 15년 갱신이고, 100세까지 보장받습니다. 그리고 3개월 후부터 보장받으시고요. 가입 후 암 진단을 받으시면 5,000만 원을 드립니다."

초보 상담사는 이렇게 기본적인 내용만 하루 종일 상담하는 경우가 많다. 이런 경우에는 계약 확률이 매우 낮고, 힘은 엄청 들며, 조만간 그만두게 될 확률이 매우 높다.

<좋은 표현>

"요즘에는 선생님(존칭어). 3년, 5년 갱신하시면 안 돼요. 지금 나라에서 운영하는 우체국도 5년 갱신이잖아요. 저희는 15년, 30

년 선택하실 수 있는데요(타사 비교). 15년을 하시면, 선생님 ○○ 세까지 금액 변동이 전혀 없는데 2만 원대로 가능하시고, 30년을 하시면 71세까지인데 62세까지만 암보험을 가져가셔도 상관없으세요(고객 선택). 고객님은 많이 걸리는 연령대이기 때문에 특별히 전화한 거고요(문제 제기). 돌아다니는 설계사님들 같은 경우 못해도 8~9만 원을 주셔야 하는데, 저희는 저렴하게 2~3만 원대라 놓치신 분들은 거의 안 계셨어요(저렴). 62세부터는 나라에서 많이 지원해주거든요. 그래서 요거는 건강검진을 가실 때 안전띠를 하시고 가는 거고요. 어떤 분은 검진을 가신다고 1억 원짜리를 해서 가셨거든요. 유방 검사를 받다가 초기 암 진단이 나와서 여기저기 해서 2억 원 정도를 가져가신 분도 계세요(사례). 중요한 것은 보험은 하고 싶다고 다 해주는 게 아니고요(심사)."

좋은 표현을 구체적으로 더 살펴보자.

(1) 요즘에는 선생님(존칭어)

존칭어는 매우 중요하다. 선생님, 어머님, 사장님, 고객님 등 센터에서 뭐라고 하지 않는다면, 존칭어를 쓰면 고객들이 좀 더 친근하고 기분 좋게 듣는 경우가 많다. 나도 예전에 전화를 받을 때 상담사가 "사장님" 하니까 대우받는 느낌이 들고, 그 상담사의 상담을 긍정적으로 듣게 되었다. 존칭어는 매우 중요한 TM 스킬 중 하나다. 예전에 같이 일하던 최상위 상담사분이 계셨는데, 그분은 항상 고객님들과 상담 시 '선생님'이라는 존칭을 붙였던 것으로 기억한다.

(2) 지금 나라에서 운영하는 우체국도 5년 갱신이잖아요. 저희는 15년, 30년 선택하실 수 있는데요(타사 비교)

내 상품만 이야기할 경우 계약 확률이 매우 낮다. 반드시 다른 회사의 상품도 이야기해줘야 계약이 잘된다. 이분은 우체국 상품을 비교해서 설명하고 있다. 다른 회사에 관한 이야기를 해주면, 고객들이 금방 이해하고 신뢰하게 될 것이다.

(3) 15년을 하시면, 선생님 ○○세까지 금액 변동이 전혀 없는데 2만 원대로 가능하시고, 30년을 하시면 71세까지인데 62세까지만 암보험을 가져가셔도 상관없으세요(고객 선택)

상담할 때는 항상 두 가지 정도를 이야기해주고, 고객이 마음에 드는 것을 선택하게 하는 것이 중요하다. 한 가지만 가지고 상담하면서 강제로 가입시키려고 하면, 고객들은 불만을 품고 도망갈 확률이 높다. 치과에서도 치아를 치료할 때 재료를 선택하게 하듯 TM 상품도 고객이 마음에 드는 것을 선택하게 해보자. 계약 확률이 확 올라가게 될 것이다.

(4) 고객님은 많이 걸리는 연령대이기 때문에 특별히 전화한 거고요(문제 제기)

상담에서 문제 제기가 없다면 그 상담은 계약으로 가기 힘들어진다. 고객이 이 상품이 왜 필요한지 모른 상태에서 계약이 진행된다면, 그 계약은 오래 유지되기 힘들다. 반드시 어떤 문제가 있는지 그 고객에게 자세히 설명해줄 때 계약이 잘 나오게 된다.

(5) 저희는 저렴하게 2~3만 원대라 놓치신 분들은 거의 안 계셨어요(저렴)

고객들은 비싸다고 하면 일단 마음의 문을 닫는다. 마케팅에서 가장 중요한 것은 고객이 관심을 가지도록 하게 하는 것이다. TM 회사들은 TM만 가능한 상품을 출시해 저렴하면서 보장은 큰 뛰어난 상품을 만드는 데 도사다. 고객에게 저렴하다는 것을 강조하면서 상담을 진행해보자.

(6) 62세부터는 나라에서 많이 지원해주거든요. 그래서 요거는 건강검진을 가실 때 안전띠를 하시고 가는 거고요. 어떤 분은 검진을 가신다고 1억 원짜리를 해서 가셨거든요. 유방 검사를 받다가 초기 암 진단이 나와서 여기저기 해서 2억 원 정도를 가져가신 분도 계세요(사례)

1억 원짜리를 해서 2억 원을 가져간 고객의 사례는 아주 강력한 힘을 발휘한다. 어떤 고객이 1억 원짜리를 가입해서 가져갔는지 궁금증이 들 정도다. 치료만 하는 것이 아니라 큰 수술을 하면 병실에 오래 누워 있는 경우가 많다. 그리고 옆에서 간병도 해야 하고, 생활비도 가족에게 줘야 한다. 그런데 2억 원이 있으면 든든할 게 아닌가? 고객들에게 2억 원을 가져간 사례를 오늘부터 들려주도록 하자.

(7) 중요한 것은 보험은 하고 싶다고 다 해주는 게 아니고요(심사)

심사는 보험사의 경우 아주 중요하게 생각하는 계약 단계의 핵심이다. 아무리 고객이 돈이 많아도 심사 거절이 뜨는 경우 가입이 불가하다. 그 이유는 여러 가지다. 많은 보험금을 청구한 이력이 있다든지, 병원 기록이 있다든지, 가족 간에 유전적인 부분이 있다든지 등 보험사들은 심사 기준을 아주 까다롭게 본다. 또, 회사마다 다른 기준이 있어서 이 부분을 고객들에게 잘 설명해주면, 고객의 신뢰를 확보할 수 있게 된다. 사람들은 아무 때나 보험을 하면 된다고 생각하는데 실제로 그렇지 않다. 정말 하고 싶어도 못하는 분들이 요즘 부쩍 많아졌다. 서구식 식습관이나 술과 담배, 환경오염으로 인한 미세먼지 등으로 질병은 누구에게나 오는 시대다. 나를 그 큰 병에서 누가 지켜줄 수 있을까? 바로 보험이다.

2. 치아보험

〈나쁜 표현〉

"가입하시고, 치과에서 임플란트를 치료하시면 1개당 200만 원을 드립니다."

〈좋은 표현〉

"나이 드시면 누구나 잇몸이 약해져서(문제 제기) 2~3개 정도 임플란트를 하시잖아요. 그러면 개당 100만 원, 3개 하시면 300만 원, 저번에 전화가 왔던 고객님은 1년에 2개씩 벌써 6개를 하셨어요(사례). 몇 달을 내시고 600만 원을 받아 가셨거든요. 그런데 고객님, 놀라지 마세요. 보험료가 ○○만 원밖에 안 되세요(저렴). 선생님 ○○세까지 금액 변동이 전혀 없는데, ○○ 담보하시면 2만 원대로 가능하시고, ○○ 담보로 하시면 3만 원대로 가능하세요. 중요한 것은 보험은 하고 싶다고 다 해주는 게 아니고요(심사).”

상담을 잘하는 상담사들은 항상 강제로 가입을 시키거나 계약을 진행하지 않는다. 신입분들과 고액 연봉자들의 가장 큰 특징은 바로 고객이 선택하도록 하느냐에 달려 있다.

전국에서 쏟아지는 억대 연봉 후기들

2019년부터 협회를 운영하면서 수많은 수강생이 실제로 돈벼락을 맞고 있다. 등록 4주 만에 월급 1,800만 원, 한 달 만에 900만 원, 2주 만에 센터 2등 등 수많은 수강생이 하루하루 행복하게 일하며, 돈도 많이 벌고 있다. 그러다 보니 “세상에 그런 게 어디 있냐?”라며 오해도 많이 생겨났다.

못 믿겠다면 직접 내가 진행하는 특강에 찾아오면 실제로 가르치는 모습, 급여 인증 등 다 보여드릴 것이다. 배우기로 결심한 뒤 월급이 적게는 2배, 많게는 10배 이상 올랐던 분들은 거의 다 고마움의 표시를 한다. 안 주셔도 되는데 굳이 주시는 분들께는 정말 뭐라고 감사드려야 할지 모르겠다. 선물로 비싼 볼펜, 스타벅스 쿠폰, 배스킨라빈스 아이스크림, 목에 좋은 벌꿀 세트, 과일, 명절에 한우 세트 등을 보내오기도 한다. 정말 고마운 분들이다.

이분들의 특징이 한 가지 있다. 바로 억대 연봉 상담사가 되기 위해서 기초부터 튼튼히 하고자 하는 마음이 강했다는 것이다. 만약 사랑하는 아들, 딸이 수학학원에 등록한다고 하자. 대부분 학원은 홍보를 많이 한다. 전단, 아파트 광고, 인터넷 광고 같은 것들을 많이 한다. 만약 이런 광고를 보고 등록한다면 어떻게 될까?

'SKY대 강사진이 직접 가르칩니다.'
'등록만 하면 수학 100점.'

만약 그런 학원이 있다면, 그 학원은 곧 망하게 된다. 그 이유는 한 가지를 빠뜨렸기 때문이다. 실력을 키워주는 수업을 하면, 수학 100점은 그냥 따라오는 것이다. 하지만 학생들에게 어떻게 하면 실력을 키워주는 수업을 할 것인가에 대한 고민은 없이, 그냥 등록만 하면 100점이라고 광고만 한다면 분명 문제가 생길 것이다.

내가 TM 영업 코칭을 할 때도 마찬가지다.

'수많은 억대 연봉 TM 상담사를 배출한 13년 경력의 전문가가 직접 코칭합니다.'
'등록만 하면 월급 1,000만 원.'

이렇게 광고하고 수강생들을 모집했다면, 나는 지금 아마 망해서 없어졌을 것이다. 내 수업 방식은 스파르타로 기초부터 훈련하는 데 있다. "공부는 싫고 돈만 벌게 해주세요!"라고 말하는 분이 계신다면 수강 신청을 받지 않는다. 벌써 돈 버는 자세가 나쁘기 때문이다. 농부들이 밭에 씨앗을 뿌리지 않고, 나무도 심지 않고, 어떻게 풍성한 결실을 볼 수 있을까? 뭔가를 얻으려면 반드시 이 지구상에서는 준비하고, 씨앗을 심고, 뿌리는 기간이 필요하다. 콜센터 영업에서 돈을 버는 것은 마치 농사를 짓는 것과 등산을 하는 것과 같다. 산에 한 번도 올라가본 적이 없는 초보에게 갑자기 세계에서 가장 높은 히말라야산맥에 올라가라고 한다면 어떻게 될까? 큰 사고가 생길 것은 불을 보듯 뻔한 일이다. 이때 가장 먼저 해야 할 것은 높은 산에 올라가는 것이 아니라, 뒷산을 올라가는 기초 훈련이다. 그다음은 조금 더 높은 산을 목표로 하고, 달성하면 또 조금 더 높은 산을 목표로 한다. 그러면 아무리 높은 산이라고 해도 충분히 오를 수 있게 된다.

등산 전문가가 되는 것과 TM 영업에서 돈을 많이 버는 것은 매우 닮았다. 최소 6개월 정도는 등산화를 신는 법, 등산화를 고르는 법, 갑자기 비가 오면 챙겨야 할 것, 폴대는 어떻게 보관하고 사용해야 하고, 탈진하지 않게 해주는 방법 등을 철저하게 교육받아야 한다. 그래야 사고 없이 정상까지 올라갈 수 있을 것이다.

혹시 내게 교육 관련 문의를 하고 싶은데, 방법을 모르는 경우 문자를 주면 친절히 안내해드리도록 하겠다. 내 전화번호는 표지 앞날개의 지은이 소개에 나와 있다. 연락 방법은 전화보다는 문자로 주시면, 시간이 될 때 안내해드리도록 하겠다. 부디 좋은 멘트를 잘 공부해서 꼭 성공하는 TM 상담사가 되시길 바란다.

텔레마케팅에서 돈 버는 핵심

최고의 공략집은 자세

TM에서 돈을 버는 데 가장 중요한 핵심은 무엇일까? 왜 같은 시간을 일하는데도 급여 차이가 크게 날까? 돈을 잘 버는 사람과 그렇지 못한 사람의 차이는 무엇일까? 많은 사람이 재택 텔레마케팅을 열심히 하면 성공할 수 있다고 생각한다. 하지만 학창 시절의 예를 들어보자. 책상에 2시간, 3시간 앉아 있는다고 다 공부를 잘하는 것이 아니다. 게임을 잘하려면 공략집이 필요한 것처럼, 학교에서도 공부를 잘하려면 반드시 비법을 알려주는 참고서나 좋은 선생님이 필요하다.

콜센터에서 돈을 매달 수천만 원을 벌고 싶은가? 그러면 공략집을 먼저 공부해야 한다. 하지만 대부분의 TM 하시는 분들은 이제 막 대학을 졸업하고 아르바이트를 구하다가 우연히 보험, 부동산, 주식 등 TM 회사에 들어가는 경우가 많다. 이때 준비 없이 들어갔다면 결과는 불 보듯 뻔하다. 아마도 몇 달을 다니다가 '해보니까 나하고 적성이 맞지 않네' 하게 될 것이다. 이런 분들은 또 다른 일자리를 구하기 시작하고, 또 아무 준비 없이 고액 아르바이트를 찾다가 험한 일도 당하고, 사기를 당하는 일도 겪게 될 가능성이 매우 높다. 이것은 수강생에게 직접 들은 이야기다. 수억 원을 날리고, 지금은 완전히 자포자기한 상태라고 하소연했던 기억이 있다.

세상은 공부하고 준비한 사람에게는 복을 내리고, 아무 노력도 없이 고액 연봉을 받고 싶어 하는 사람에게는 사기꾼이라는 대가를 치르게 한다. 제발 이 책을 보고 여러분들은 그런 사람들의 먹이가 되지 말기를 간곡히 부탁드린다. 공부하고 싶지는 않고, 여기저기 시급을 많이 주는 아르바이트만 전전하는 분들은 도와줄 방법이 없다. 내가 이런 말을 자주 하다 보니 누가 나에게 물어보셨다.

"작가님은 어떻게 그렇게 잘 아세요?"

그야 내가 예전에 그랬던 적이 있기 때문이다. 작게는 몇백만 원부터 큰 것은 몇천만 원을 사기당해 본 사람이라 잘 아는 것이다. 이 세상은 준비 없이, 비법 없이, 공략집 없이 뭔가 큰 성공을 이루는 대박은 없다.

〈범죄도시〉 시리즈로 유명한 마동석 배우가 생각난다. 그도 처음부터 '천만 관객 영화배우'라는 타이틀을 가진 게 아니었다. 그

 노후 걱정 없이 평생 월 500만 원 버는 TM 실전 비법 ·)

의 대표작으로 〈범죄도시〉 시리즈 혹은 영화 〈부산행〉을 떠올리는 관객이 많지만, 알고 보면 마동석은 2004년에 데뷔해 장르 구분 없이 60여 편의 필모그래피를 쌓아온 22년 차 베테랑 배우다. 사실 거쳐온 작품 중에는 10만 명의 관객도 못 모을 정도로 망했던 작품이 많았다고 한다. 하지만 처음부터 그가 그렇게 유명했다면, 지금의 재미있는 영화는 탄생하지 않았을 것이다. 밑바닥에서 공부하고, 부딪치며 배운 것들이 소중한 재산이 된 것이다. 여러분도 TM에서 성공하는 방법을 찾고 있다면, 마동석 배우처럼 꼭 준비기간을 가지고 나를 단련시키자. 반드시 좋은 일이 생기게 될 것이다.

내 기분을 고객에게 빼앗기지 말자

마인드 컨트롤에 따라 연봉이 결정된다. TM 상담을 처음 하시는 분들을 보면, 가장 실수하는 부분이 있다. 무엇이든 처음은 다 힘든 것이다. 전문가로 보이지 않고 판매에만 매진하다 보면 생기는 일은 심한 거절이다. 그러면 신입분들은 마음의 상처를 받기도 하고, '내 길이 아닌가?'라고 생각하기도 한다. 고객들이 뭐라고 하면 내 기분을 망치고, 그 기분을 가지고 집에까지 가져가는 분들이 있다.

그분들께 드리고 싶은 조언은 다음과 같다.
"절대 내 기분을 고객에게 뺏기면 안 됩니다."

TM 상담의 고수들은 내 기분을 항상 즐겁게 유지하는 데 달인들이다. 고객이 조금 기분 나쁜 이야기를 하면 받아치면서 싸우는 게 아니라 멋지게 마무리하고 통화를 종료한다.

"네, 선생님. 더운데 밖에서 일하시기 힘드시죠? 중요한 사항이라 통화 편하신 시간을 알려주시면 다시 연락드리겠습니다."

이렇게 기분 좋게 끊는 것도 매우 중요하다. 콜은 한번 내가 컨디션 조절을 잘못해서 기분을 망치면 그날 상담을 진행하기 무척 힘들어진다. 고객이 뭐라고 한다고 기분 나쁘면 하수다. 고수들은 뭐라고 해도 끌려가지 않으면서 전문가처럼 잘 받아친다. 그게 바로 고수 상담사다.

한번은 카페에 가서 커피를 주문하는데, 까칠한 종업원을 만난 적이 있다. 메뉴가 너무 많아 잠시 고민 중이었는데, 그 종업원이 큰 소리로 이렇게 말했다.

"뭐 하시는 거죠? 빨리 고르시라고요. 여기 메뉴판 있어요."

나도 한 성질 하지만, 그때 이렇게 생각했다.
'하루 종일 서서 주문받고, 커피 만드는데 얼마나 힘들까?'

이렇게 이해하니 오히려 내가 직원을 방해한 것 같았고, 감정을 컨트롤할 수 있었다. 요즘 주변을 보면 감정 조절이 안 되는 분들이 많은 것 같다. 나도 가끔 내 감정이 조절이 안 되어 곤욕을 치를 때가 있다. 그럴 때마다 그 사람의 상황을 조금 더 이해하려고 노력하면, 신기하게 문제가 살얼음 녹듯이 녹아내리는 경험을 하게 된다. 그날은 사소한 일이었지만 정말 감정이 폭발할 만큼 화가 났는데, 평소 감정 컨트롤을 하는 데 익숙해졌던 것이 도움이 많이 되었다.

나는 항상 수강생들한테 고객에게 받으려고만 하지 말고, 어떻게 하면 공부해서 줄까를 생각하라고 말한다. 그래서 그런지 마인드 컨트롤을 잘하니 회사에서도 좋은 일이 생기고, 그 영향력이 가족들에게까지 퍼져나간다. 이것은 매우 중요한 부분이다. 인생 전체가 바뀌는 전환점이 될 수 있다. 평소에 큰 벽처럼 있던 부부 사이 갈등이나 자녀와의 사소한 다툼 따위는 애교로 보이게 되는 경지에 이르게 된다. 한 수강생은 콜센터에서 영업 잘하는 방법을 배우러 왔다가 두 번째 아이도 생기고, 가정도 더욱 화목해지며, 수입도 늘어나게 되었다. 실로 엄청난 일이 아닐 수 없다.

주변에 보면 상담 중에 고객들과 실랑이하게 되는 경우가 자주 있다. 그럴 때마다 싸우는 상담사들도 종종 보게 된다. 그 이유는 마인드 컨트롤을 잘 못하기 때문이라고 생각한다. 고객들을 하나의 계약 대상으로 보면 자주 싸우게 된다. 이는 내가 10년 넘게 상담하면서 수천 번 겪어본 것이라 잘 아는 분야다. 마인드 컨트롤을 잘하느냐 못하느냐에 따라서 내 연봉이 결정되는 일이 TM 영업이다.

회사에서 잘하는 사람은 집에서도 거의 99% 환영받는다. 일을 잘한다는 것은 달리 말하면, 좋은 서비스를 제공했다는 말과 같다. 집에서 불화가 많은 사람이 회사에 나가서 잘될까? 그럴 수도 있지만 99% 잘 안 될 가능성이 높다. 사람이 가면을 쓰고 일하면 답답해서 언젠가는 그 본색을 드러내기 마련이다. TM 상담은 연기가 아니다. 내 진심을 고객이 알아주려면 내 마음가짐, 즉 마인드 컨트롤을 잘하느냐에 따라 계약의 여부가 달려 있다.

왜 체력 관리가
중요한가?

돈을 벌게 해주는 자기 관리

나는 TM을 잘하고 싶다는 분들에게 하루 1시간씩 운동하라고 말씀드리고 싶다. 운동할 때 내가 중요하게 생각하는 것은 오래 운동을 힘들게 하는 것이 아니다. 그러면 금방 지치게 되고 그만 두게 된다. 재미있게 하는 것이 중요하다. 그래야 지치지 않고 1시간이고, 2시간이고 운동하는 게 즐겁기 때문이다.

운동도, TM 영업도 내가 즐겁지 않다면 그곳은 천국이 아니라 지옥이 된다. 일도 최대한 즐겁게 하려고 하면, 일도 잘되고 돈도 잘 벌린다. 운동도 마찬가지다. 내가 운동하는 방법은 아침이든, 저녁이든 일단 시간을 정해놓는다. 그리고 헬스장에 비치된 운동복으로 갈아입는다. 그리고 헬스장의 마사지 기계들을 이용해 운동 전 몸을 풀어준다. 이것이 매우 중요하다. 바로 운동하는 것이 아니다. 약간 '몸을 풀어주려고 헬스장 간다'라는 느낌이 가장 좋다.

벨트 머신 같은 것을 하면서 시원하게 풀어지는 근육을 느끼면 기분이 엄청나게 좋아진다. 그리고 가벼운 조깅을 10분 하면서 땀을 흘리고, 근육운동을 10분 정도 하면 몸이 풀리는 기분이 든다. 20분 루틴인데 이것만 해도 하루 기분이 엄청나게 상쾌해진다. TM 영업을 하면서 생기는 스트레스나 골치 아픈 고객들 문제가 사라진다. 지금 TM이 아주 힘든가? 그러면 꼭 20분 루틴으로 운동해보자. 처음에는 숨이 차서 말이 안 나올 정도라면 저질 체력이라서 성과가 크게 나오지 않을 확률이 높다. 하지만 몇 번 하다 보면 계약도 잘되고, '아, 이래서 하라고 한 것이구나' 하며 내 말이 생각날 것이다.

예전에 유튜브 〈휴먼스토리〉에서 수백억대 자산가의 하루를 찍은 영상을 본 적이 있다. 이 채널은 성공한 사람들의 일과를 재미있게 편집해서 지루하지 않게 해줘 즐겨 보는 편이다. 연 매출 수백억대인 이 대표님은 아침에 일어나 바로 회사로 출근하는 것이 아니라 제일 먼저 운동복을 갈아입고, 집 주변을 1시간 정도 산책을 한다. 그것도 아침저녁으로 하루 두 번 철칙처럼 지킨다고 한다. 일과의 시작과 끝을 자기 관리로 운동하는 것이다. 아마도 건강할 때 일도 잘되고, 돈도 더 잘 벌게 되기 때문일 것이다. 건강을 챙기는 것이 돈을 벌고 일하는 것보다 더 중요하다는 것이다.

내가 아는 TM 상담사분이 계시는데 이분은 항상 상위권에 있는 베테랑이다. 이분도 매일 지하철로 10정거장을 걸어서 출퇴근 하신다고 한다. 암튼, 최고의 위치에 있는 분들은 모두 한결같이 건강을 가장 먼저 챙기는 분들이다. 돈을 많이 버는 사람들은 열심히 일하는 것도 중요하지만, 자기 관리를 하면서 체력을 중요하게 생각하는 사람들이다.

수강생들에게 강조하는 운동 루틴

나는 거의 매일 헬스장을 간다. 운동을 본격적으로 시작하게 된 계기는 TM 일을 하면서 오는 체력적인 한계 때문이었다. 열심히 상담을 해본 분들은 모두 다 아실 테지만, 클로징에서 고객이 도망가는 이유는 내가 체력적으로 부족하기 때문이다. 본인이 클로징이 잘 안 된다면 점검해보자. 분명 운동을 안 해서 체력이 많이 떨어져 있거나 전날 과음을 했거나 수면 부족인 경우가 대부분이다. 그러면 열심히 일해도 실적이 잘 안 나온다. 여기서 적성에 안 맞는다고 생각하는 분들이 많다. 아니다. 본인이 몸 관리를 안 해서 생긴 폐단이다.

TM을 오래 하다 보면, 허리 통증과 목 통증이 오게 된다. 꼭 관리를 해줘야 오래 일할 수 있다. 어깨, 허리, 손목 등 전신이 다 쑤시고, 아프다는 이야기는 몸을 지탱해주는 근육이 부족하다는 말과 같다. 물론 열심히 일하다 보니 생기는 현상이다. 대충 하는 상담사들에게는 전혀 그런 일이 없다. 나는 이러한 통증을 모두 다 운동으로 극복했다. 그러자 실적도 따라왔고, 돈도 따라오게 되었다.

나의 운동 루틴은 이렇다.

① 제일 먼저 허리에 벨트처럼 하는 마사지를 한다.

도착하자마자 운동을 하게 되면 몸이 경직된 상태라 잘못하면 다칠 수 있다. 반드시 먼저 몸을 풀어주는 게 중요하다.

② 윗몸 일으키기 운동기구에 몸을 누인다.

간단하게 10회, 3세트 정도 진행한다. 다른 운동도 좋지만 누워서 스트레칭도 하면서 윗몸 일으키기를 병행한다.

③ 10분 걷기, 10분 뛰기를 한다.

체력을 빼놓고서는 아무리 노력하고, 열정적으로 일해도 밑 빠진 독에 물 붓듯이 계약은 안 되고, 그만두고 싶은 생각이 들 것이다. 그 이유는 아이큐나 재능도 아닌 체력 부족이다. 내가 운영하는 〈한국텔레마케팅코칭협회〉 수강생분들에게도 항상 강조하는 것이 몸 관리다. 이것을 가장 먼저 챙기라고 당부한다. 반드시 퇴근하고 나서든, 출근 전이든 절대적으로 하루 10분 이상은 근육운동이나 유산소운동을 꼭 챙겨서 튼튼한 몸을 먼저 만들기를 추천한다. 특히 유산소운동은 몸속의 지방을 분해하는 탁월한 효과가 있다. 내가 다니는 헬스장 코치님은 처음 등록한 나에게 이런 말을 해주셨다.

"유산소운동은 꼭 해야 합니다. 지방을 태우는 가장 좋은 운동입니다. 러닝머신으로 30분 걷기만 해도 살이 쭉쭉 빠지게 되실 겁니다. 회사에서 일만 하면서 걸어 다닐 시간이 없는 분들이 배가 나오는 이유가 유산소운동이 부족해서 그렇습니다. 유산소운동은 심혈관 질환도 예방합니다."

내 몸을 잘 관리해보자. 그러면 TM 할 때 클로징에도 힘이 들어가고, 돈도 많이 벌게 될 것이다. TM 영업은 단기간에 많은 성과를 내는 것보다 오래 하는 것이 중요하다. 내 나이가 50세라고 하면, 20년은 꾸준히 수입이 들어오게 해야 한다. 매달 500만 원이면 1년이면 6,000만 원, 10년이면 6억 원, 20년이면 12억 원이다. 오래 일하는 것의 핵심은 체력 관리다.

건강 관리 팁들

요즘 건강 관련 책을 보고 있는데, 공감이 가는 부분이 있어서 공유해보고자 한다. 조승우 한약사는 《건강과 다이어트를 동시에 잡는 7대 3의 법칙 채소·과일식》에서 "살이 찌는 이유는 몸에 쌓이는 독소 때문이다. 독소를 배출하는 속도보다 쌓이는 속도가 빨라지면 살이 찌기 시작한다. 다이어트의 핵심은 독소 청소다. 독소를 배출하고, 먹어도 독소가 쌓이지 않는 유일한 음식을 먹어야 한다"라고 말한다.

이 책에서 다이어트의 핵심은 '독소 청소'라고 말한다. 독소 청소가 되지 않으면 아무리 좋은 음식을 먹어도 다이어트에 성공하기 어렵기 때문이다. 나도 요즘 거의 매일 하루 1시간 정도 헬스장에 가서 운동하고 있다. 그러나 효과가 썩 좋지 않은 이유는 바로 독소 청소 때문인 것 같다.

　조승우 한약사는 독소 청소에 가장 좋은 채소·과일식을 소개한다. 이분이 나온 유튜브 채널 〈지식 인사이드〉에서도 건강 관리하는 방법은 과일과 채소를 섭취하는 것밖에 없다고 말한다. 여기서 나온 중요한 이야기를 소개하면 다음과 같다. 첫째, 사과를 하루 1개씩 한 달만 섭취해도 몸속의 독소가 청소되고, 살이 빠지고 피부가 좋아지게 된다. 둘째, 사과는 껍질째 먹는 게 좋다. 우리나라는 선진국 수준이라서 충분히 물로만 씻어도 농약이 배출된다. 셋째, 암은 만성 염증에서 비롯된다. 고지혈증, 당뇨, 동맥경화 같은 질병 역시 만성 염증과 관련이 깊다. 이러한 질병으로부터 간과 신장의 기능을 보호할 수 있는 유일한 물질은 피토케미컬이 풍부한 항산화 과일이다. 채소와 과일을 충분히 섭취하면 항암 효과를 기대할 수 있다. 넷째, 현대인들은 설탕보다 300배, 600배 더 강한 단맛에 길들어서 식욕 조절이 안 된다. 이것을 치료하는 방법은 자연에서 만든 과일의 당분을 섭취하는 것이다.

　상담 일을 많이 하는 분들이 특히 건강 관리에 유독 신경을 못 쓰시는 분들이 많다. 하루 2~3시간 고객들과 상담하면서 계약에 목을 매다 보니 운동을 할 시간이 없다. 하지만 건강은 누가 나를 대신해서 지켜주는 것이 아니다. 내 스스로 내 건강을 지켜야 한다. 건강 관리에 실패하는 분들은 꼭 운동과 먹는 것도 같이 신경을 써야 효과를 제대로 볼 수 있을 것이다. 자, 오늘부터 좋은 과일과 채소로 하루 1끼 정도는 꼭 챙겨 먹자. 그러면 피부도 좋아지고, 몸속의 독소도 빠질 것이다.

백화점에 가면
서점을 먼저 가라

서점에서 발견한 귀중한 책

얼마 전 쇼핑몰에 물건을 구매하러 갔다가 같은 건물에 있는 교보문고를 잠깐 들른 적이 있다. '쇼핑하러 가서 웬 서점?'이라고 생각할 수 있지만, 나는 어디를 가나 서점이 있는 백화점이나 쇼핑몰을 선호하는 편이다. 그 이유는 나는 독서 습관은 어디 하늘에서 떨어지는 것이 아니라고 주장하는 사람이다. 내가 살아가면서 자식에게 물려주고 싶은 것이 있다면, 그것은 돈이나 물건이 아니라 독서 습관이다. 이 습관으로 내가 돈을 많이 벌게 되었기 때문에 더 각별하다. 누군가가 부자가 되고 싶다면, 꼭 독서 습관을 만들기를 추천한다. 좋은 책은 나를 부자로 만들어주는 요술램프다. 인생 격언에도 "책이 사람을 만든다"라는 말도 있지 않은가?

암튼 그래서 나는 쇼핑을 하러 갈 때도 서점을 꼭 들르는 버릇이 있다. 내가 책을 읽을 수밖에 없는 환경을 만드는 것의 중요 성을 알기 때문이다. 가끔 서점에 가면 조용히 혼자 구석에서 쪼 그리고 앉아 골똘히 책을 보는 학생을 보면, 속으로 이런 생각이 든다.

'저 학생은 금광을 캐고 있구나.'

서점에 들른 나는 둘러보던 중 좋은 책을 한 권 발견했다. 성공 한 스타 영어 강사, 100억 기부로 유명한 현승원 작가의《네 마음 이 어디 있느냐?》에서 이런 구절을 발견했다.

"본질만 좇을 때는 하나님께서 복에 복을 더해주셨다. 그러나 욕 심에 사로잡힌 내 초점은 어느새 과녁을 완전히 벗어나 있었다."

내 오래된 독서 습관 중 한 가지는 책을 보면서 한 문장이나 한 단락을 찾아내는 데 전심전력을 다한다. 그 한 문장이 내 인생을 바꾸는 경험을 많이 했기 때문이다. '지금 당장 나에게 필요한 단 한 문장은 어디 있을까?' 하는 궁금증을 가지고 책을 보면 정말 재미있게 보게 된다. 좀 지루한 부분은 바로 넘어가는 분별력도 중요한 것 중 하나다. 이 책을 보면서 본질에 관한 하나의 문장이 나의 뇌리에 꽂혔다.

"본질을 잡고, 욕심은 버려라."

 노후 걱정 없이 평생 월 500만 원 버는 TM 실전 비법 ·))

재능보다 본질이 더 중요하다

현승원 작가는 인기 강사로 돈을 많이 벌기도 하지만, 좋은 일도 많이 한다. 매월 2,000여 명의 아동에게 후원하고, NGO에 100억 원에 달하는 재정을 기부한 것으로 유명하다. 그는 회사 창업 9년 만에 기업 가치 3,000억 원을 달성했고, 기업 의장이 되었다. 그 바탕에는 어린 시절 가정에서 철저한 신앙 교육이 있었다.

그는 성공한 이유로 '본질'을 말한다. 대부분 사람은 재능과 능력이 있으면 누구나 성공한다고 생각하고, 하루하루 열심히 산다. 그러나 현승원 작가는 '열심히'가 아니라 "본질과 욕심을 구분하라"고 강조한다. 아무리 뛰어난 재능과 머리가 있어도 성공하지 못하는 이유는 본질을 무시하고 욕심을 부리기 때문이다.

예를 들면 이런 것이다. 음식을 만들어 판매하는 식당에서는 맛이 본질이고, 인테리어나 가구는 욕심이다. 사실 다 중요하지만, 더 비중을 둬야 하는 것은 외부에 보이는 게 아니라 음식의 맛이다. 음식점에 방문하는 손님 대부분은 맛있는 음식을 먹으러 방문하지, 멋있는 인테리어나 가구를 보러 방문하지는 않기 때문이다. 그래서 그런지 내가 방문했던 식당 중에 음식 맛이 없었던 곳들은 죄다 간판이 바뀌거나 없어지는 일이 많다. '여기도 오래 못 가겠구나!'라고 생각하면 꼭 문을 닫는다. 그 사장님은 아마도 본질을 벗어나 욕심을 부렸을 것이다. 만약 그 음식점 사장님이 욕심을 버리고, 본질을 좇았다면 어땠을까? 넷플릭스에서 큰 성공을 거둔 프로그램 〈흑백요리사〉에서 진행자가 이런 말을 했던 것이 기억난다.

"다 필요 없고 저는 맛을 볼 겁니다."

만약 그 사장님이 욕심을 버렸다고 가정해보자. 그러면 음식점의 본질은 맛이니까 비용이 좀 들어가도 요리를 전문적으로 배우는 데 투자했을 것이다. 비싼 돈을 주고 조리법을 사오던지, 전문 교육기관에 등록해 교육을 수료했을 것이다. 내 경험상 그 돈은 본질을 올리는 데 사용되기 때문에 없어지거나 나가는 돈이 아니다. 반드시 몇 배로 다시 돌아오는 돈이다. 우리 수강생들도 열심히 잘 코칭을 받은 분들은 처음에 등록금을 조금 내고, 매년 최소 5,000만 원~1억 원을 벌어간다. 본질을 강조하는 현승원 작가의 인사이트가 대단하다.

TM에서 중요한 본질

TM에서 가장 중요한 본질은 무엇일까? 상담에서 아무리 좋은 상품이라고 하더라도 고객이 마음에 들어 하지 않는다면 그 상담은 물 건너가게 된다. 가장 중요하게 생각해야 하는 부분은 '나의 상담이 고객에게 인정받을 만한가?' 하는 것이다.

고객에게 인정받으려면 어떻게 해야 할까? 먼저 내가 전문가가 되어야 한다. 이것은 나를 위해서가 아니라 고객을 위해서다. 고객들은 초보 상담사에게 가입하고 싶어 하지 않는다.

전문가라고 하면서 돈을 아무 데나 쓰면 안 된다. 고객에게 인정받으려면 가장 먼저 공부를 게을리하면 안 된다. 관련 서적을 사고 전문 강의를 듣는 데 시간과 돈을 투자해야 한다. 운동도 열심히 해서 자신의 체력도 단련해야 한다. 그러면 보상은 엄청나게 받을 수 있을 것이다. 가지고 싶은 차나 집은 무조건 생긴다. 결혼 문제도 다 해결된다. 돈이 있으니 그 능력을 보고, 마음에 들어 하는 사람이 나타나게 된다.

콜센터 일을 하면서 책을 한 권도 보지 않고, 운동도 하지 않으며, 전문 강의도 듣지 않는다면 본질과 전혀 상관없는 일을 하는 것이다. 5년, 10년 경력이 있으면 최소 월 500만 원에서 1,000만 원은 받아야 하지만, 본질을 벗어난 습관 때문에 항상 돈 문제로 고생하게 된다. 물가는 올라가고 내 월급은 그대로니, 시간이 갈수록 그 상담사는 고난과 고통이 항상 따른다. 고객에게 인정받지 못하면 노력과 수고가 모두 물거품이 된다. 내 수입이 늘지 않게 되니 반드시 본질에 충실해보자. 현승원 작가의 "본질을 잡고 욕심은 버려라"라는 말은 우리 상담사들이 꼭 새겨들어야 할 말이다.

강남 부자가
절대적으로 지키는 원칙

가방을 메고, 지하철 타는 30억대 부자

돈은 내가 정말 배우고 싶고, 공부하고 싶은 것에 써야 불어나며, 더 큰돈이 된다. 내가 TM을 잘하게 된 계기도 TM에 대해 배우러 다니기 시작했을 때부터였다. 내가 만나본 많은 부자도 한 가지 공통점이 있다. 대부분 회사에 다니는 직장인이면서 퇴근하고, 뭔가를 배우러 다닌다는 것이다. 본인이 돈이 많다고 말하기 전에는 전혀 부자처럼 보이지 않는다. 청바지에 티셔츠를 입고 나오고, 음식도 저렴한 것을 먹는다. 자산이 수십억 원이면 고급 외제 차를 탈 것 같지만, 평범하게 지하철이나 버스를 타거나 아니면 운동할 겸 걸어서 다니는 경우가 많다. 내가 아는 지인분은 강남에 집이 한 채 있고, 서울에 빌라와 아파트 등 여러 금융자산이 총 30억 원 정도 있다. 그런데 이분은 평소에 가방을 메고 회사에 다니고, 퇴근 후에는 부동산과 주식 관련 세미나에 가신다고 한다. 그는 이렇게 조언했다.

"돈은 수업료를 내야 그 대가로 들어오는 거야. 내 방식대로 하면서 망하는 것은 수업료가 아니라 헛수고하는 거지. 진짜 전문가를 만나서 그 사람에게 배우는 데 내는 돈이 수업료야. 아무리 내가 잘났어도 계속 꼬이면서 안 되고 돈을 못 번다면 엉뚱한 짓을 하는 거야. 여기저기 많이 알아봐야 해. 뭘 배우는 것에 돈도 쓰고 해야 해. 나는 집에 문제가 있어서 내가 다니는 교회의 가정 회복 프로그램을 통해 문제를 해결한 적도 있어. 그리고 월급으로 노후를 준비하지 못한다는 것을 깨닫고, 프로그램 개발 및 부동산 주식 등을 배우러 다니기 시작했지."

그렇게 자산이 많아도 또 공부하러 가는 이분의 말을 되새겨보자. 엉뚱한 데 돈을 쓰면, 아무리 내가 열심히 일한다고 해도 정작 퇴직 후 남는 게 없을 것이다.

강남에 집이 2채인 주부

TM 센터에서 만난 분인데, 내가 항상 1등을 하니 자주 내 자리에 오셔서 물어보셨던 분이 있었다. 처음에는 이분이 부자인 줄 몰랐는데, 거의 100억대 자산가셨다. '아니, 자산이 100억 원이나 되는데 왜 TM을 하나?' 하고 속으로 부러워한 적이 많았다. 이분은 강남에 집이 2채이고, 남편까지 약 3채를 가지고 있는데 재산세를 내는 것이 즐겁다고 했다. 집의 가치가 점점 올라가서 그런지도 모르겠다. 부자들은 정말 대출을 잘 활용하는 것 같다. 좋은 대출이 많은 사람은 그것도 잘 이용하는 것 같다. 신용을 목숨처럼 생각하고, 갚아야 하는 것은 조금도 망설임 없이 갚는 모습은 정말 대단했다.

부동산 재산은 약 30억 원짜리 3채가 있으니 90억 원 정도인데, 무척 검소하게 사셨다. 어디를 같이 가야 할 일이 있어서 만난 적이 있었는데, 그분의 차를 보고 깜짝 놀랐다. 누가 줘도 사양할 것 같은 30년 정도는 되어 보이는 구형 코란도 지프차를 타고 나오신 것이다. 마침 내가 타는 자가용이 수리센터에 들어가서 마지못해 탈 수밖에 없는 상황이었는데, '이 차가 진짜 굴러갈 수 있을까?' 싶었다. 외관이 다 녹이 슬어 뜯겨 나갈 것 같은 범퍼가 인상적이었다. 지방을 내려가는데, 중간에 퍼지거나 고장이 나서 고속도로에 멈추지는 않았다. 천만다행이었다. 그분은 그렇게 절약하며 살면서 나에게 이런 조언을 해주셨다.

"나는 젊을 때 많이 고생했어. 결혼해서 아이가 둘이 생기고, 생계를 이어가기 위해 노점에서 빵을 팔면서 돈을 모아 집을 샀어. 지나가는 사람을 붙잡고 '빵 좀 사세요' 하면서 호객까지 했지. 정말 어렵게 돈을 벌어서 그런지, 나는 돈이 들어와도 너무 귀해서 쉽게 못 쓰겠더라고. 돈을 귀하게 생각해야 부자가 되는 거야. 그리고 돈이 귀하다고 계속 가만히 은행에 넣어놓으면 안 되지. 그 돈이 일하게 해야 해. 공부도 하고, 전국을 다니면서 배워야지. 조언을 구하지 않으면 실패하는 게 재테크거든. 그리고 좋은 데 집을 사야 돼. 그게 나중에 재개발이 되면 가치가 몇 배로 올라간다고. 돈은 열심히 일해서 모아서 불려야 하는 거야. 저축만 하면 돈이 놀고 있는 거거든. 계속 돈을 부려야 해. 돈이 놀고 있으면 안되지. 그리고 힘든 일이 있으면 꼭 교회 가서 기도를 해봐. 신기하게 일이 잘 풀려.”

이분의 말에 따르면, 배우는 데 1억 원을 쓰면 몇 배로 돌아온다고 하셨다. 대신 이상한 곳이 아닌 검증된 진짜 수업하는 곳에 쓴다면 말이다. 나는 지금도 ‘1년에 1,000만 원은 강의 듣고 공부하는 데 쓰자’라는 좌우명을 가지고 있다. 그 이유는 일반적으로 은행이나 적금에서는 상상할 수도 없는 수익률이 나오기 때문이다. 배움에 투자하는 것만큼 큰 수익을 주는 것은 이 세상에 없다.

4장

초보도
따라 할 수 있는
실전 TM 공식

TM을 시작하기 전 준비 체크리스트

1. TM 회사별 특징

TM을 재택근무나 부업으로 할 예정인 분들은 회사별 특징을 좀 알아두면 도움이 된다.

(1) 중소기업 연봉을 받는 인바운드 센터

① **기본급** : 100~200만 원. 추가로 실적에 따른 인센티브를 받음.

② **업무 난이도** : 하

③ **급여 스트레스** : 별로 없는 대신 수익이 작음.

④ **주요 업무** : 섭외 TM과 동의 콜이 많음. 섭외는 보험사 상담 동의만 받는 TM, 주식 종목 추천 동의만 받는 TM 같은 비교적 쉬운 업무이고, 보험 설계사들의 약속을 잡아주는 경우와 OK 캐시백 같은 포인트를 이용한 구매 가능한 상품 안내임. 동의 콜은 아웃바운드 DB를 받아서 상품에 관심 있는 고객들의 상

담 동의를 받는 일임.

⑤ **계약 체결 여부** : 없음. 예약만 잡는 단순 업무

⑥ **수수료** : 200~300% 정도(예시 : 실적 100을 하면 월급 200~300
만 원)

⑦ **추천 대상** : 내가 재택근무 초보일 때 추천

(2) 대기업 연봉을 받는 POM 센터

① **기본급** : 100~200만 원. 기계약 고객을 상담하는 POM 센터

② **업무 난이도** : 중

③ **급여 스트레스** : 중간 정도, 수익도 중간임.

④ **주요 업무** : 보험이나 상조, 통신 쪽 고객 중 이미 상품에 가입된
분들에게 추가로 더 좋은 상품 안내 및 계약체결

⑤ **계약 체결 여부** : 있음. 계약 체결 시 수당 지급

⑥ **수수료** : 수수료가 500~600% 정도(예시 : 실적 100을 하면 월
급 500~600만 원)

⑦ **추천 대상** : 재택근무 6개월 이상 경력 있는 분들 추천

(3) 억대 연봉을 받는 아웃바운드 센터

① **기본급** : 100~200만 원. DB를 받아 상담하는 센터

② **업무 난이도** : 상

③ **급여 스트레스** : 높음. 그 대신 수익이 높음.

④ **주요 업무** : 카드 DB나 홈쇼핑 DB를 받아서 보험이나 상조, 건
강식품 등을 판매. 상품에 대한 이해도가 낮아 거절이 조금

심함(거절 처리 잘하면 추천).

⑤ **계약 체결 여부** : 있음. 계약 체결 시 수당 지급

⑥ **수수료** : 수수료가 1,000%가 넘는 경우가 많음(예시 : 실적 100
을 하면 월급 1,000만 원).

⑦ **추천 대상** : 내가 경력자라고 생각이 되거나 재택근무 1년 이상
경력 있는 분들 추천

이 예시는 100% 정확하지 않다. 센터마다 더 좋은 복지정책이 있거나 4대 보험이 되고, 퇴직금이 나오는 일도 있다. 또한, 유지 수수료를 10% 적립해서 1년 일하면 1년 이후 매달 유지 수수료만 300만 원이 나오는 곳이 있다. 취업 면접을 하러 가서 면접을 보는 실장님이나 센터장님에게 잘 여쭤보자. 입사하면 어떤 혜택이 있는지 잘 알아봐야 하고, 면접은 최소 세 군데 이상 보는 것을 추천한다. 본인의 상황에 맞게 시작하면 좋을 것 같다.

2. TM 부업의 장단점

TM 부업은 취업 준비생들에게는 비교적 빠르게 사회생활을 시작할 수 있게 해주는 장점이 있고, 경력 단절자나 육아 중인 엄마처럼 집에서 일해야 하는 분들에게도 좋은 급여 조건을 제시한다. 경험이 없는 사회 초년생들에게도 적합하다. 단, 책 한 권 정도는 공부하고 시작해야 큰 문제가 없다. 하지만 아무 준비 없이 입사하게 되면 큰 문제가 생길 수 있다. 고객들과 상담 시 완강한 거절에 당황해 그만두게 될 수 있다. 반드시 고객과 상담하는 방법에 관한 여

러 가지 공부를 하고 시작하면, 이보다 좋은 직업은 없을 것이다. 이 직업은 60~70세인 분들도 억대 연봉을 받고 있고, 노후 걱정 없이 일하는 평생직장이다. 부업으로 하고 싶을 때는 언제든 시작할 수 있는 고소득 직종이다. 개인마다 실력 차이가 있으므로 열심히 하는 분들은 고수입을 가져가고, 대충 하는 사람은 급여가 매우 적다.

특히 노후 준비가 되어 있지 않은 분들은 나이가 들어서 생활비가 없을 때 온종일 새벽 청소나 식당 일을 해야 할 수도 있다. 하지만 이 TM 부업은 잘 배워놓으면 집에서 하루 40만 원씩 벌 수 있는 전문 직종이다. 나이가 많다고 누가 나가라고 하지도 않고, 정년퇴직도 없다. 내가 하고 싶은 만큼 평생 해도 되고, 하다가 싫으면 그만두고 더 좋은 환경의 다른 회사로 가도 된다. 그렇다고 아무도 뭐라고 하지 않는다. 내가 이쪽 직업을 17년 정도 경험을 해본 결과, 여기서 월급 1,000만 원을 한 번 이상 벌어본 상담사는 다른 직업으로 가신 분을 본 적이 없다. 내가 알고 있는 분 중에는 10년, 20년 동안 꾸준히 일하셔서 내 집 마련도 해결하고, 육아도 해결한 분들이 꽤 있다.

3. 재택근무의 장단점

재택근무는 장단점이 있다. 단점은 주변에 같이 일하는 사람이 없다 보니 정신적으로 해이해지고, 집중하지 못하는 분들이 간혹 있다. 학교에 다닐 때 도서관에서 공부가 잘되는 이유는 주변 상황이 나를 공부할 수밖에 없게 만들기 때문이다. 그래서 그런지 나는 학창 시절 시험 기간에는 무조건 새벽에 일어나 도서관에 가서 공부했던 기억이 난다. 머릿속에 기억도 잘되고, 성적도 잘 나오기 때문이다. 내가 대학 시절 전 과목 4.0을 받았던 해가 있었는데 그 비결이기도 하다. 공부나 TM이나 성과를 올리는 유일한 방법은 성과가 나올 수밖에 없는 환경을 만드는 것에 있다.

재택근무는 나 자신과의 싸움이다. 스스로 열심히 할 수밖에 없는 상황을 만들어야 한다. 텔레비전이나 컴퓨터는 독이 되기 때문에 쉬는 시간 말고는 다 차단해야 한다. 45분 업무, 15분 휴식이 가장 좋다. 업무에 집중할 시간을 정하는 것이 계약하는 데 도움이 된다. 내가 고객에게 초집중하는 시간과 음악이나 산책하는 시간을 별도로 만드는 것이 중요하다. 너무 집중해서 일만 하다 보면, 오히려 계약이 더 안 나온다. 쉴 때는 핫브레이크나 초콜릿 같은 당 충전도 하고, 나가서 신선한 바람을 쐬는 것이 좋다.

4. TM 센터 찾는 법

TM 센터를 찾는 방법은 온라인 구직사이트나 취업사이트를 이용하면 좋다. 좋은 센터들은 광고를 잘 안 하므로, 잘하는 분들의 소개나 추천을 받는 것도 좋은 방법이다. 구직사이트는 '알바몬'이나 '알바천국' 같은 곳이 있고, 콜센터 전문 취업사이트는 '텔레잡'이 있다. 잘 검색해서 근무 여건 및 수수료 등 전화로 문의도 해보고, 직접 방문해 면접도 보면 많은 도움이 될 것이다. 직접 발품을 팔아보고 얻은 정보는 가치가 있다. 나의 경우 센터를 고를 때 열 군데 정도 면접을 보고, 한 군데를 결정했던 것 같다. 잘 알아보고, 본인에게 가장 잘 맞는 곳으로 정하면 된다.

장기적으로
살아남는 방법

홈쇼핑 쇼호스트에게 배우는 상담비법

TM 부업으로 장기적으로 꾸준히 수입을 얻는 방법은 무엇일까? 이직률이 높은 TM에서는 전문가들의 이야기를 많이 들어야 성공할 수 있다. 나는 홈쇼핑 광고를 자주 보는데, 유명 쇼호스트 분들의 현란한 말솜씨를 보고 감탄한다. 그분들이 어떻게 제품을 홍보하고, 판매하는지 연구했던 적도 있었다. 그러다가 쇼호스트 당시 1시간에 125억 원 판매 매출 기네스 최고 기록을 세우기도 했고, 업계 5위 금융 기업을 1위에 올려놓는 데 기여한 컨설팅 기록을 보유하고 있는 장문정 작가의 책을 우연히 보게 되었다. 책 속에는 저자가 실수했던 부분을 적어놓은 부분이 있었는데 공감이 갔다.

《팔지 마라 사게 하라》에서 그는 "내가 1년 넘게 방송한 건강기능식품이 있는데, 나는 그 제품을 소개할 때마다 기능성과 함량만 강조했다. 그런데 블로그 댓글을 살피자 정작 고객들이 궁금해하는 것은 몇 살부터 먹을 수 있는지, 한 병에 몇 알이 들어 있는지, 언제 복용하면 좋은지 등 기본적인 내용이 아닌가. 나는 곧바로 방송에서 그런 내용을 다루었고 매출은 눈에 띄게 상승했다"라고 말했다.

TM을 하면서 매출이 늘지 않는 경우가 있다. 그런 경우는 대부분 상품의 장점만 어필할 때다. 고객이 궁금해하고, 알고 싶어하는 부분을 찾아서 알려주는 방식의 상담은 계약으로 이어질 확률이 매우 높아진다. 나이 많은 분들이 어떤 설명을 해줄 때 좋아하는지 자료를 모아서 공부해보라. 50대 주부들은 대부분 어떤 문제가 있고, 어떻게 하면 도움을 드릴 수 있는지 공부해서 상담하면, 반드시 좋은 결과가 따라올 것이다.

내가 예전에 연도 대상을 탈 당시 한 고객분과 상담하는데, 그분이 이렇게 말씀하셨다.

"상담사님, 정말 수고 많이 하셨어요. 제가 원래 전화로 뭐 가입하는 사람이 아닌데 상담사님이니까 하는 거예요."

내가 그때 상담했던 내용은 상품의 장점이나 회사의 경쟁력 같은 것이 아니라, 부모님이 병에 걸려 치료비가 많이 나와 자녀를 돌보지 못할 때 일어나는 일에 관해 설명해드렸다. 그랬더니 생각해보겠다던 고객님께서 "그럼 해주세요"라고 하셔서 계약이 성사되었다. 고객들과 상담할 때 중요한 점은 오늘 1건 하겠다는 생각이 아니다. 돈 벌겠다고 하는 상담사들이 대부분 금방 그만두는 이유는 고객들이 알아야 하고, 궁금해하는 이야기를 공부하지 않는 것에 있다.

판매에서 기술보다 중요한 것

TM을 장기적으로 오래 하는 방법에서 중요한 것이 있다. 고객과 계약하려고 하기보다 고객에게 도움을 주는 데 집중해보자. 예를 들어 내가 고기 굽는 식당에 갔는데, 비싼 한우 안심을 시키는 손님에게는 아주 친절하고, 저렴한 삼겹살을 시키는 손님에게 매우 불친절하다면, 그 식당을 다시 가고 싶은 생각이 드는가? 상담하는 분들이 이 부분을 놓치는 경우가 많다. 내가 TM을 하면서 1건 하려고 하면, 고객들은 다 눈치를 챈다. 영업 느낌이 많이 나는 상담은 절대 계약으로 연결될 수 없다. 아무리 하루 2시간, 3시간 상담을 했다고 하더라도 0건 하고 집에 가는 날이 많아지게 된다. 아이러니하지만 판매하려고 하면 판매가 안 된다. 참 신기한 일이 아닐 수 없다.

그래서 TM에서 매우 중요한 것은 판매 기술이 아니라 고객을 섬기고 사랑하는 사명감이 더 중요하다. 식당도 매출에만 신경 쓰다 보면 겉으로는 잘되는 것처럼 보여도 조금 시간이 지나면 단골들은 다 떠나가버릴 게 뻔하다. 고객들을 어떻게 하면 섬기고, 좋은 상품을 통해 사랑을 전할 수 있을까를 고민하면 이상하게 계약이 잘된다. 한번 내일 출근해서 내 말이 맞나 틀리나 해보라.

또, 고객들과 상담할 때는 반드시 가족들이 많이 겪는 문제에 관해 설명해주는 게 매우 중요하다. 아프고 병들면 치료비가 많이 들어가고, 생활비가 부족해진다. 그러면 자녀들을 제대로 키울 수 없어 학업을 중단하거나 자녀들이 학비를 벌어야 하는 문제 제기를 강하게 해주는 것이 중요하다. 나는 고객들에게 가족들에 관한 이야기를 많이 해준 결과 실적도 많이 오르고, 연도 대상 시상식에 참여할 수 있는 영광을 얻을 수 있었다. 여러분들도 오늘부터 너무 판매에 치중하기보다 고객들이 궁금해하고 호기심을 자극할 만한 부분을 잘 공부해보자. 반드시 좋은 결과가 나올 것이다.

고객을 돈으로 보지 않고, 섬기며, 봉사하는 대상이라 생각하고 일하는 마인드를 갖자. TM은 내가 어떤 태도, 마인드로 일하는가에 따라 실적이 천차만별로 벌어진다. 요즘은 인터넷 시대라서 검색만 하면 웬만한 좋은 상품들은 다 나온다. 그래서 고객들은 금방 이 상담사가 전문가인지, 아닌지 알아차린다. 예전처럼 그냥 콜만 돌리면 계약이 나오는 시대가 아니다. 요즘 고객들은 이 상담사가 초보인지, 전문가인지 금방 아는 눈치 100단이다. 내가 초보 느낌 나게 계약하려고 들이대면 고객은 100% 도망간다. 여러분들의 센터에서 상위 상담사들이 계약을 잘하는 이유는 바로 프로처럼 상담하기 때문이다. 계약 때문이 아니라 고객에게 도움을 주는 사람이라는 마인드를 장착하고 일해보자. 그러면 장기적으로 일을 하게 되고, 수입도 점점 높아질 것이다.

간절함이 TM 고수를 만든다

혹시 세계적인 머니 코치 보도 섀퍼(Bodo Schafer)를 알고 있는가? 그는 베스트셀러 작가이자 성공하는 법에 관한 전문가다. 그는 전 세계 수많은 셀럽의 머니 코치로 활동하고 있다. 미국 대통령을 지낸 빌 클린턴(Bill Clinton),《부자 아빠 가난한 아빠》의 작가 로버트 기요사키(Robert Kiyosaki), 글로벌 CEO 억만장자 리처드 브랜슨(Richard Branson) 등 수많은 유명인이 그에게 상담을 요청했다. 그는 자기 책에서 대부분의 상담 내용은 거의 다 멘탈에 관련된 내용이라고 밝혔다. 예를 들어 지금 진행하는 프로젝트를 포기하지 않는 방법, 두려움을 이기는 방법, 문제들을 해결하는 방법 같은 것이라고 말했다. TM 하는 분들에게 도움이 될 만한 내용이 있어 그의 책을 소개해보고자 한다. 그는《멘탈의 연금술》에서 "능력을 최대한 펼치는 사람이 되면, 삶은 한 차원 더 높아진다. '이것이 내가 할 수 있는 일인가?'라는 질문을 숙고하는 데 시간을 쓰지 마라. '이것을 어떻게 해야 내가 해낼 수 있는가?'에 집중하라"라고 말했다.

TM도 마찬가지다. '내가 이 일을 시작해볼까?'를 고민하는 것이 아니라, '어떻게 하면 이 일을 잘 해낼 수 있을까?'에 집중해보는 것이다. 우리가 흔히 하는 말 중에 '믿어 의심치 않는다'라는 말이 있다. 누구나 어릴 적에 부모님에게 과자를 사달라고 졸라본 적이 있었을 것이다. 어린아이가 무슨 돈이 있었겠는가? 돈도 없고, 재산도 없고, 가진 것도 하나 없지만, 그 소원은 대부분 이루어진다. 그 비법은 100% 이루어질 것이라고 믿는 것이다. 초롱초롱한 눈으로 간절히 과자를 바라는 자녀의 모습을 보고, 어느 부모가 소원을 안 들어줄까? 돈이 없는 아이들이 과자를 얻어먹는 방법도 어떻게 보면 기적의 한 부분일 수 있다.

TM 영업을 할 때 고객을 의심하면서 상담하는 분들이 간혹 있다. 그렇게 진심이 담기지 않은 상담을 하면서 고객으로 하여금 "네, 계약합시다"라는 대답을 받아낼 수 있을까? 고객이 이 상품을 사지 않을 것이라는 1%의 의심을 하는 순간, 그 상담은 계약과 상관없는 방향으로 흘러가게 된다. 계약은 상담사의 마인드에 의해 99% 결정된다. 내가 고객을 놓는 순간 계약은 멀어져가고, 월급도 적게 받게 된다. 상담사로서 반드시 지켜야 할 태도는 내가 먼저 고객을 놓지 않는 것이다. 사소한 것 같지만, 엄청난 차이다.

나는 수강생들에게 자주 말한다.
"절벽에 매달린 사람처럼 간절하면 성공합니다."

절벽에서 밧줄 하나에 매달린 사람은 손을 놓는 순간, 끝도 보이지 않는 칠흑 같은 낭떠러지로 굴러떨어지게 된다. 한 번도 보지 못한 고객들과 전화로 상담을 진행하고 계약을 체결하고자 한다면, 이 점을 반드시 기억하자.

'내가 고객을 먼저 놓지 말고, 무조건 클로징까지 진행하자.'

누구나 살면서 좋은 집에 살고 싶고, 좋은 차를 타고 싶으며, 좋은 배우자를 만나고 싶고, 뭔가를 판매하는 사람들은 계약을 많이 하고 싶을 것이다. 어떤 사람들은 이런 소원들을 기적같이 이루며 산다. 또, 어떤 사람은 소원이 현실에서 전혀 이루어지지 않아 세상을 비관하기도 한다. 도대체 무슨 차이일까? 부모님 재산, 좋은 학력과 스펙, 외모, 재능, 실력 등이 좋지 않아도 떵떵거리며 잘 사는 사람들이 있다. 이 사람들의 특징은 무엇일까?

115기 이○○ 님은 영업을 6년 정도 했던 분이었는데, TM 영업을 시작하기로 마음먹었지만, 생각보다 쉽지 않아 한텔협을 2023년 5월 초에 방문해주셨다. 너무 힘들다고 내게 털어놓으면서 "TM 책을 쓰신 것을 봤어요. 책 2권이 너무 재미있어서 며칠 만에 다 읽었습니다"라고 하시며 수강 등록을 원하셨다. 나는 한 달에 약 10~20명 정도 전국의 TM 상담사들을 상담한다. 대부분 이직을 원하는 직장인분, 예전에 잠깐 아르바이트식으로 TM 일을 했던 분, 주부, 취업 준비생 등 다양한 분들이 상담 신청을 하신다. 대부분 상담을 진행해보면 간절한 분들보다는 '뭐 하는 곳이지?', '한번 가볼까?'라는 식으로 방문하시는 분들이 많다. 그런데 115기 이○○ 님은 이런 분들과 조금 달랐다.

"작가님, 저는 꼭 성공해야 해요."
"시키는 대로 잘 따라가겠습니다."
"수강 신청 좀 부탁드립니다."

간절함이 일반적인 분들과는 전혀 달랐다. 이런 분은 거의 다 억대 연봉자가 되는 것을 많이 봤던 터라 흔쾌히 "자, 열심히 해서 월급 1,000만 원에 도전해봅시다"라고 말했다. 그리고 얼마 지나지 않아 2023년 6월에 급여 500만 원을 받았다고 카톡이 왔다. 배운 지 얼마 되지도 않았는데 월급이 급상승한 것이다. 이분은 "작가님 덕분이에요. 정말 감사해요"라고 인사를 건네셨다.

주변을 보면 하는 일마다 잘 안되는 사람들이 많다. 좋은 조건, 좋은 환경에 있음에도 기적을 경험하지 못하는 사람들의 특징이 있다. 바로 기적이 이루어질 것이라는 믿음이 없다는 사실이다. 나에게 상담을 일대일로 진행해도 성공하리라는 믿음이 없는 사람들을 종종 보게 된다. 그런 분들에게는 내가 도움을 전혀 드리지 못한다. 참 안타까운 일이다.

"작가님, 성공비법을 알려주세요."
"실력을 올릴 수 있도록 상만 차려주세요."
"제가 다 먹어 치우겠습니다."

상담만 하면 계약하는 사람들은 바로 이런 적극적인 성격을 가진 분들이다. 지금도 내가 원하는 기적 같은 일을 매일 경험하며 사는 사람들은 대부분 성격이 적극적이다.

실력 차이는 결국 믿음의 차이다

누군가 이렇게 물어왔다.

"요즘 콜 시장이 어려운데, 작가님네 수강생분들은 월급이 다 몇천만 원이네요?"

맞다. 나도 신기한 일이다. 비법을 궁금해하는 분들에게 꼭 드리고 싶은 말이 있다.

"매일 기적을 경험하는 사람이 되고 싶다면, 믿음을 강하게 하는 데 집중하세요."

성공하는 사람과 아닌 사람들의 차이는 실력이나 능력보다 믿음의 차이다. 그 믿음이 얼마나 강한가에 따라 그 사람이 그것을 이루고, 쟁취하게 될 확률이 점점 높아진다. 상담하면서 계약을 진행할 때도 잘하는 사람들을 유심히 관찰하다 보면 매일 0건을 하고 집에 가는 사람들과 차이가 크다. 눈빛이 다르고, 태도가 다르다. 가진 돈이 없어 자신감이 떨어지는 게 아니라, 계약이 이루어진 것을 강력하게 믿는 느낌을 받는다. 그 사람들의 상담을 듣다 보면, 뭔지는 정확히 모르겠지만 그런 분위기가 느껴진다. 보이지 않는 강력한 오라(aura) 말이다. 이것은 글로 표현하기는 힘들지만, 현재 상황에 집중하는 것이 아니라, 이미 이루어진 상황에 집중하는 것이다. 그 자신감이 꽉 차 있다. 마치 계약이 이루어진 것처럼 설명하고 클로징한다.

'이 고객이 오늘 나와 계약을 할까?'에 대한 단 1%의 의심도 없다. 그 고객은 그 이상한 힘에 압도된다는 표현이 적당할 것이다. 그리고 얼마 지나지 않아 계약을 진행하게 된다. 고객을 이해시킨다기보다 뭔가에 홀린 듯 계약을 한다는 표현이 더 적당하다. 그 비법은 바로 상품도 아니고, 회사도 아니고, 바로 상담하는 내가 얼마나 집중하고 몰입해서 이미 이루어진 것처럼 상담하는가에

    노후 걱정 없이 평생 월 500만 원 버는 TM 실전 비법))

달려 있다고 할 수 있다.

여러분들이 좋은 집에 살고 싶고, 좋은 차를 타고 싶고, 계약을 많이 하고 싶다면 이렇게 해보자. 가진 돈이 없고 통장이 빈털터리라면 그것에 집중하는 것이 아니라 소원에 집중하자. 이루고 싶은 소원은 누구나 있을 것이다. 그것이 이미 이루어진 것처럼 살자. 단 1%의 의심도 하지 말고 살아가고자 결심할 때 하늘에 계신 신께서 도와주실 것이다. 지성이면 감천이라는 말도 있지 않은가? 소극적인 태도에서 적극적이고 자신감이 충만한 태도로 바꿔보자. 10초만 눈을 감고, 생각하고, 말하자.

"나는 좋은 집에 살고 있고, 좋은 차를 타고 있고, 계약을 많이 했다."

오늘부터 기적이 이루어진 모습을 상상하고 느끼면서 살자. 이 글을 보는 사람의 소원이 이루어질 것을 믿어 의심치 않는다. 가진 돈이 없어도 통장에 돈이 산더미처럼 쌓여 있다고 생각하고 살자. 반드시 이루어질 것이다.

TM 초반
3개월 전략

TM에서 성공하고 싶다면 초반 3개월이 매우 중요하다. 3개월 동안 좋은 고객을 찾는 눈을 기르기, 가망고객 관리하기, 하루 30분 공부하기 등 몇 가지를 꼭 지켜야 한다. 초기에 내 습관을 잘 잡아놓지 못하면 금방 무너지고, 그만두게 될 게 뻔하다. 초반에 여기서 계속 일하게 될지, 아니면 그만두게 될지가 결정되기 때문이다. 대부분 그만두는 이유는 계약할 고객을 찾지 못하고, 그대로 퇴근하기 때문이다. 우리가 출근한 이유는 상담하기 위함도 아니고, 계약하기 위한 것이다. 그러려면 고객들을 잘 분류할 수 있어야 한다.

1. 100명 중에 나와 맞는 고객 1명을 찾는다

100개의 DB를 받는다면 나와 맞는 고객은 1명 정도다. 이 원리를 알면 상담이 완전히 달라진다. 내 생각에 아닌 고객들은 얼른

보내준다. 이게 생각보다 쉽지는 않다. 많이 상담해보고, 경험해
봐야 자연스럽게 익혀진다.

억대 연봉을 받는 상담사들은 고객 분류를 엄청나게 잘한다. 대
부분 콜센터는 센터마다 조금 다르지만, (아웃바운드 기준) 아침에
출근해서 실장님이 주시는 DB를 약 100개를 받는다. 그리고 상
담을 진행한다. 이때 비결이라고 한다면 나의 이야기를 잘 들어
주고, 호응이 좋은 고객을 딱 1명을 찾는 것이다. 그 고객을 찾을
때까지 전심전력을 다한다. 고객 DB 100명 중 나와 맞는 고객을
고르는 것이다. 상담은 나와 맞는 고객과 해야 고객도 즐겁고, 나
도 즐거운 일이 된다. 이것이 억대 연봉을 받는 상담사들이 잘하
는 것이다.

반면 계약을 못하는 상담사들을 보면, 나와 맞지 않는 고객들과
실랑이를 벌이느라 하루 종일 고생만 하는 경우를 자주 보게 된
다. "저한테 왜 그러시는 거예요?" 하며, 고객과 싸우는 상담사들
을 보면 참 안타까운 생각이 든다. 콜센터에서 영업하는 분들은
모두 공감할 것이다. 온종일 콜을 돌리고 상담을 진행하지만, 정
작 계약은 못 하고 돌아갈 때가 있을 것이다. 나의 콜을 다시 되돌
아보면 한 가지 문제점을 발견하게 될 것이다. 별로 관심 없는 고
객에게 많은 시간을 할애하고, 노력하며, 공을 들이지 않았는가?
프로들은 별로 관심 없는 고객들에게 시간과 노력을 쏟아붓지 않
는다. 어떤 센터에 1등 하시는 분은 목소리만 들어도 이 고객은 계
약할 거라는 확신이 든다고 하셨던 기억이 난다.

TM 영업에서 중요한 것은 나와 잘 맞는 고객을 찾는 것이 매

우 중요하다. 하루에 정해진 시간을 통화하면서 찾아야 하는 것은 딱 한 가지다. 나를 싫어하고 막 대하는 고객은 정중히 보내주고, 나와 잘 맞는 고객을 찾는 것이다. 초반 3개월 동안 잘 적응하게 해줄 것이다.

2. 가망고객을 관리하라

출근해서 100개의 DB를 받고 콜을 돌렸는데, 계약을 체결하지 못하는 경우가 있다. 그럴 때는 상담 중 느낌이 좋았던 고객들은 따로 가망고객으로 분류를 해놓아야 한다. 아쉽게 상담을 마친 고객들, 잘 맞는 것 같지만 계약은 못한 고객은 따로 노트에 적어두고 가망고객 관리에 들어간다. 바로 계약하는 고객들도 있지만, 열 번 정도 통화해야 안심하고, 계약하는 고객들이 생각보다 많다. 요즘 이상한 전화들도 많고 사기 전화도 많으므로, 우리는 고객들에게 신뢰를 주기 위해 지속적인 터치를 해야 한다.

소개팅을 예로 들어보자. 나와 맞지 않는 사람과 소개팅하는 것은 고통스러운 일이다. 상담도 마찬가지다. 나와 맞지 않는 사람과는 상담을 최소한으로 줄이자. 좋은 느낌이 오거나 잘 들어주는 고객이 반드시 1명씩은 나타날 것이다. 그러면 그 고객과 신나게 상담하고, 1건 계약하고 퇴근하면 되는 것이다. 나와 맞지 않는 99명의 고객에게 시간과 노력을 쏟는 것은 고객도 힘들고, 나도 힘들기 때문이다. 시원하게 보내주는 감각도 필요하다.

"네, 고객님 수고하세요" 하고 끊으면 되는 일을 가지고, 깊이 고민할 필요가 없다. 초보 상담사분들이 많이 실수하는 부분이 이

것이다. 그냥 고객을 잘 보내주면 되는데, 고객과의 통화 자체를
너무 어렵게 생각하는 것 같다.

"작가님, 저 너무 두려워요."
"고객들과 통화하는 게 겁나요."

　신입분들이 나에게 자주 하는 말이다. 아웃바운드 TM 영업 같
은 경우는 하루 1건씩 한 달만 해도 월급이 약 500만 원 정도 되
기 때문에 웬만한 대기업 부장급 월급을 받을 수 있다. 가망고객
들을 잘 관리해서 1건 하면, 수수료로 약 40만 원 정도를 받으니
해볼 만한 직업이다.

　이쪽 일을 오래 하려면 진상 고객들을 걸러내는 연습을 많이 해
야 한다. 고객들과 싸우는 게 아니라 정중하게 끊을 줄도 알아야
하고, 감정이 격해진 고객들은 좀 편안하게 누그러뜨릴 줄도 알아
야 한다. 멘탈 관리는 오로지 자신의 몫이다. 누가 옆에서 대신해
주는 것이 아니다. 이런 비결은 많은 상품을 판매하다 보면 그 상
품의 장점을 어필하는 과정에서 자연스럽게 생긴다. TM에서 가
장 어려운 거절에 스트레스받지 말고, 상품의 장점으로 극복해보
는 연습을 많이 해보자.

3. 조급함을 버리고 하루 30분 공부하라

　TM은 갑자기 잘되려고 조급해하면 망하는 게임이다. 하지만 준
비하면서 공부하면 무조건 이기는 게임이다. 옆의 상담사가 갑자

기 잘한다고 자신을 자책하면 안 된다. 실적보다 더 중요한 것은 주변 차단 기능이다. 내 실력을 향상하기 위해 주변의 잡음을 차단하라. 콜센터에서 일하다 보면 느끼겠지만, 좋은 말보다 부정적인 말을 더 많이 듣게 된다.

"TM 해봐야 소용없어."

이런 말들을 스스로 차단하라. 그리고 최소 하루 30분은 공부하라. 그럼 3개월 후에 나를 비웃던 사람들이 밥을 사겠다고 난리를 치게 될 것이다. 실제로 몇 달 전에 수강한 30대 초반 남자분은 처음에 센터에서 상담을 못한다고 욕을 많이 먹었다고 했다. 실장님이 다른 일을 알아보는 것을 추천할 정도로 못했다고 하셨다. 그러던 중 내 책과 유튜브를 보고 찾아오셔서 공부하기로 결심한 후 하루 30분씩 2~3개월간 열심히 코칭받으셨다. 결과는 어떻게 되었을까?

"이 사람 누구야?"
"신입 맞아? 왜 이렇게 잘해?"

주변에서 이렇게 말하며 서로 인사하고 싶다고 찾아오는 지경이란다. 그는 이렇게 말했다.

"작가님, 제가 인기 스타가 되었어요."

 노후 걱정 없이 평생 월 500만 원 버는 TM 실전 비법 ⫸

"잘하는 선배님들이 같이 밥 먹자고 해요."
"작가님 덕분이에요."

여러분도 하루 30분씩 공부해보자. 센터에서 주는 자료라든지, 아니면 좋은 상담이 담긴 파일을 듣는다든지 뭐든 찾아서 공부해보자.

한편 잘하면 나를 질투하는 세력이 생기는 것은 당연한 일이다. 신입이 열심히 하면 칭찬해줘야 하는데, 시기하고 질투하고 못살게 군다. 같이 회사에 들어온 사람이 자신보다 더 잘하면 "저 사람은 실장하고 친해서 밀어준대" 같은 이상한 헛소문이 돌기도 한다. 이럴 때는 준비해둔 이어폰을 끼고 힐링 음악, 좋아하는 가수의 음악을 듣기를 추천한다.

나는 주로 클래식 음악을 듣는다. 바흐(Bach)의 〈G선상의 아리아〉, 차이콥스키(Tchaikovsky)의 〈피아노 협주곡 1번〉, 〈발레 '호두까기 인형' 1번〉 같은 듣기만 해도 편안해지고, 기분 좋아지는 음악들 말이다. 자기가 좋아하는 음악을 듣는 것은 부정적인 소리를 차단하는 좋은 처방이 될 것이다. 실제로 소음이 많은 센터는 일하기가 매우 피곤하다. 내 스스로 잘 차단하는 것은 일하는 데 계약을 많이 하는 것보다 더 중요하다.

4. DB를 받으면 마인드 컨트롤이 먼저다

초반 3개월 동안은 주변 잡음이 많다. 또, '정말 될까?', '안 되면 어디를 가야 하나?' 하는 생각에 마음이 불안하기도 하고, 걱정과 근심으로 하루하루 사는 날이 많을 것이다. 하지만 "배우는 사람을 이기는 것은 세상에 어떤 것도 없다"라는 말을 어떤 부자의 책에서 본 적이 있다. 초반 3개월은 누구나 힘든 시기다. 적응 기간이라고 생각하고, 공부해야 하는 시간이다. 하루 30분 공부에서 답을 찾아야 한다. 배우고 익히는 데 집중해야 하는 시기다. TM 영업은 독학하면 망한다. 반드시 책이나 강의를 통해 비법을 꼭 배우시기를 추천한다. 물론 콜센터에서 독학하는 분들의 마음도 이해한다.

'이렇게 저렇게 해보다가 언젠가는 잘되겠지.'
'나는 원래 타고났으니까 배울 필요 없어.'
'뭐 하러 돈 주고 가서 배우냐?'

이런 분들은 잘될 수도 있고, 망할 수도 있다. 확률이 반반이다. 그리고 매주 특강을 무료로 올리고 있는 나의 유튜브 〈김우창 작가 TV〉를 보면, 초반 3개월 동안 마음이 한결 편안해지고, 비결을 통해 TM을 잘하고 싶은 힘이 날 것이다.

나는 처음 콜센터에 입사해서 일할 때 항상 불안했다. '오늘 고객들을 만나면 무슨 말을 하지? 계약을 안 하면 어떻게 할까? 전화했는데 안 받으면 어떡하지? 이번 달에는 망하지 않을까?' 이런 고민은 실제로 많은 콜센터 영업하는 상담사분들이 매일 겪는 고질병 같은 것이다. 나도 예전에 항상 어떻게 계약을 체결해야 할지 늘 걱정이 먼저 앞섰던 것 같다. 늘 불안하고, 초조하며, 손

   노후 걱정 없이 평생 월 500만 원 버는 TM 실전 비법

에 땀이 많이 나서 손수건을 항상 가지고 다녔던 기억이 있다. 그런데 나만 그런 줄 알았는데 아니었다. 다른 상담사분들도 늘 초조하고, 걱정되고 그래서 그런지 1층 흡연실에서 점심시간에 옹기종기 모여 담배를 줄기차게 피워댔다. 참 슬픈 일이다. 불안을 해소하려고 더욱 중요한 건강까지 해치다니 아이러니한 일이다.

불안을 해소하는 방법을 찾던 중 콜센터 상담사의 1등 소감을 듣게 된 적이 있다.

"저는 교회를 다녀서 불안하고, 힘들 때는 하나님께 기도합니다. 책상에는 성경 구절이 적힌 달력을 항상 놓고 자주 봅니다. 힘이 되는 구절을 보면 저도 모르게 힘이 나고요. 교회 봉사도 많이 하는데 하다 보니 고객들에게도 봉사한다는 생각으로 상담하게 되는 것 같아요. 그리고 콜을 들어가기 전에는 먼저 기도하고 상담을 시작합니다."

바로 이거다. 그때부터 기도로 마인드 컨트롤 하는 습관이 생겼다. 콜센터에 출근해서 모니터 앞에 앉으면 기도했다. 처음에는 다음과 같이 사심이 섞인 기도를 많이 했다.

"돈을 많이 벌게 해주세요."
"계약 많이 하게 해주세요."
"1등 하게 해주세요."

그런데 계약이 더 안 되었다. 또 얼토당토않은 것이라 양심에 찔려서 그런지 일이 더 힘들어졌다. 그래서 방법을 조금 바꿔봤다. '하나님이 좋아할 만한 진심이 섞인 기도를 해보자'라는 생각으로 다음과 같이 기도했다.

"오늘 하루 만나는 고객들이 사고나 질병으로 큰일이 생겼을 때 큰 도움을 주는 사람이 되게 해주세요."

효과는 아주 좋았다. 마음이 편해지고, 불안이 사라지며, 고객들도 내 진심을 알았는지 내 상담을 잘 들어주는 고객들이 점차 많아졌다.

5. 목소리 연습을 해라

목소리는 고객이 들었을 때 전달이 잘되어야 한다. 목소리에 힘이 없다면 반드시 연습을 통해 힘 있는 목소리로 바꿔줘야 한다. 상담 시 힘이 없으면 고객이 계약할 확률은 매우 적다. 고객들은 자신감에 차 있고 신뢰할 수 있는 상담사에게 가입하기 때문이다.

목소리 연습을 위한 책 한 권을 소개한다. 데일 카네기의 《성공 대화론》에서 루스벨트(Roosevelt) 대통령의 목소리 훈련법을 참고해보면 좋겠다.

"시어도어 루스벨트가 첫 정치 유세를 할 때였다. 유세를 시작한 지 얼마 지나지도 않아 목소리에 힘이 빠지기 시작했다. 그는 목소리 훈련 전문가를 고용해서 함께 기차를 타고 유세장을 찾아 다녔다. 역과 역 사이를 지날 때 루스벨트는 '딩-동, 싱-송, 홍-콩'을 발음했다. 코로 'ng' 소리를 내면서 코의 공명을 개발하려는 의도였다. 코의 공명은 목소리를 맑게 하며 멀리까지 전달해준다."

나도 가끔 연습하는 루틴인데 정말 효과가 좋다. 상담 시 목소리가 잘 안 나온다면 매일 10분 정도 연습해보자. 좋은 결과가 있을 것이다. 연습의 포인트는 코의 공명을 통한 목소리 전달력 강화다. 성대에서 목소리가 만들어지고, 공명을 통해 코와 입으로 나가는 원리다. 실제로 해보면 고객과 통화 시 작게 이야기해도 잘 전달되는 것을 알 수 있다. 여기서 중요한 점은 숨을 가슴이 아니라 배 쪽으로 들이마시는 연습을 하는 것이다. 깊게 들이마실 때 배가 약간 올라오게 되는데, 복식호흡이라고도 한다. 평소 목이 아프신 분들은 이 연습으로 목의 통증도 없앨 수 있다.

1등 하는 선배의
고액 계약법

'상위권 상담사들은 도대체 어떻게 돈을 저렇게 많이 벌까?'

나는 상담을 처음 하던 신입 시절 때부터 이 점이 항상 궁금했다. 그분들의 노하우를 알고 싶었다. 예전에 같이 일하던 상담원 분 중 1등을 하는 분이 있었는데, 그분은 고액 계약을 잘했다. 남들은 작은 계약을 할 때 그분은 월납 수백만 원대 계약을 자주 했다. 쉽게 말해 콜센터에서 신의 경지에 있었다. 그분의 노하우가 항상 궁금해서 제일 먼저 내가 했던 노력이 식사를 같이하는 것이었다. 시간만 나면 친해지려고 노력했다.

"선배님, 커피 드셨어요? 지금 카페 가는데 선배님 것도 한 잔 사다 드릴까요?"

   노후 걱정 없이 평생 월 500만 원 버는 TM 실전 비법

이런 식으로 붙임성 있게 노력을 많이 했다. 하지만 직접적으로 센터 1등 비결을 물어보기가 참 민망했다. 지금 생각해보면 계약을 잘 못하니 자신감도 없고, 선배들도 무섭기만 했던 것 같다. 한 달에 1~2건 계약하기도 힘들던 때였기에 더 간절했지만 말이다. 밥 먹으면서 물어보기가 참 힘들었던 기억이 난다. 그냥 입을 '떡' 벌리고 부러워만 하던 때가 있었다. 실장님은 항상 그 상담원분께 말씀하셨다.

"또 계약했네? 참 대단해! 이렇게 큰 계약을 잘하는 상담사 좀 많이 데리고 와 줘."

어느 날 우연히 그분의 비법 중 한 가지를 알게 되었다. 상담 중 고객님께 이렇게 말하는 것이었다.

"상담은 다 해드렸고요. 고객님, 우리 사무실이 ○○역 근처에 있어서요. 한번 들러주시면 시원한 커피 한 잔 대접해드리겠습니다. 시간 내서서 들러주세요. 하루 전에만 말씀해주시면 제가 자료를 준비해놓고 있겠습니다. 분명 ○○한 부분에 있어서 저희가 업계 최고의 회사니까 도움이 되실 거예요. 그리고 저희는 예약 없이 방문이 어려워서요. 그러면 언제로 예약 잡아드릴까요? 오전이 편하세요? 오후가 편하세요?"

어떻게 이런 생각을 하게 되었을까? 정말 감탄을 금하지 못했다. 《보험왕 토니 고든의 영업노트》는 전설적인 영업왕의 노하우와 생각을 볼 수 있는데, 이 책에는 이분과 비슷한 내용의 노하우가 있다.

"나는 항상 내 사무실로 약속을 정한다. 직접 우리 사무실에 와서 둘러보고 우리가 하는 일을 보면, 우리 보험회사에 대해 훨씬 신뢰를 많이 하게 되기 때문이다."

고객들에게는 상품의 필요성, 제품의 성능과 경쟁력보다 더 중요한 것이 있다. 바로 전화로 계약하는 것에 대한 두려움이다. 우리가 하는 일은 만나서 하는 일이 아닌, 전화로 제품이나 상품을 설명하는 일이다. 그러다 보니 길게 상담을 진행해도 마지막 단계에서 계약에 실패하게 되는 경우가 자주 발생한다. 참 가슴 아픈 일이다. 30분 넘게 고객과 통화를 했는데, 0건을 하고 집에 가는 고통을 해본 사람이 아니면 절대 모른다.

이 선배님은 자주 고객들을 사무실로 불러 상담을 진행했다. 항상 고액 계약을 많이 진행했고, 월급도 일반 상담사들보다 몇 배는 더 벌었다.

여러분도 한번 시도해보라. 클로징을 아무리 하려고 해도 안 될 때는 고객들을 사무실로 한번 불러보자. 그리고 시원한 커피 한 잔을 대접해드리고, 전화로 다 하지 못했던 내용을 준비해 간단한 브리핑을 해보자. 분명 좋은 결과로 이루어질 것이다.

2명의 TM 상담사

2명의 상담사가 있다. 누가 억대 연봉 상담사인지 맞혀 보자.

〈A 상담사〉

"우리 회사는 아주 좋은 상품만 판매합니다."

"꼭 우리 회사에 가입하셔야 합니다."

"가입이 늦을수록 고객님만 손해를 보십니다."

"지금 결정하세요. 바로 계약 진행을 도와드리겠습니다."

〈B 상담사〉

"고객님 우리 회사는 좀 특별해요."

"대부분 고객님이 한번 상담하시고 다른 데 알아보시거든요."

"근데 결국은 우리 회사를 선택하시더라고요. 왜냐하면….'

"다른 회사들은 ○○이 없어서 가입하고 후회하시는데, 저희는
○○이 있어서 다들 좋아하시더라고요."

어떤 상담사가 억대 연봉 상담사일 것 같은가? 정답은 B 상담
사다. 놀랍게도 TM 상담사들의 90%는 A 상담사처럼 상담한다.
아무도 B 상담사처럼 하도록 교육을 해주지 않기 때문이다. 이
부분이 콜센터의 가장 큰 약점이다. 다 그런 것은 아니지만 대부
분 "어서 오세요" 하며 상담사들을 뽑는 채용에만 너무 목을 매
다 보니 정작 교육이나 실적을 위한 프로그램은 전혀 준비가 되
어 있지 않다.

A 상담사는 열정도 넘치고 지각도 안 하고 늦게까지 일하지만, 월급은 거의 하위권에 있을 가능성이 매우 높다. 가입해야 하는 정확한 이유를 설명하기보다 상품에 너무 집착하기 때문에 계약으로 연결되지 않는 것이다.

B 상담사는 그렇게 열심히 일하지 않는데도 월급은 상위권에 있을 가능성이 매우 높다. B 상담사가 잘하는 것은 제품이나 상품이 아니라 가입해야 하는 이유를 정확하게 짚어주기 때문이다. 이 부분은 상위권 상담사로 가는 가장 중요한 부분이다. 고객들은 돈을 내고 손해 보기 싫어한다. 하루에 10분만 공부를 해보자. 고객들이 어떻게 하면 손해 보지 않게 해줄 것인지 생각하는 시간을 가져보자. 그리고 고객들은 여러 군데를 알아보고 싶어 한다. 이 사실을 모르고 고객들에게 상품만 판매하려고 한다면 반드시 문제가 생긴다. 열심히 일은 하지만 계약은 안 나오고, 고객들은 도망가며, 멘탈은 붕괴가 된다. 절대 이런 악순환을 방치해서는 안 된다.

하루 수익을 만드는 루틴

업무 집중도의 중요성

계약이 나오는 원리를 먼저 알아야 한다. 계약은 업무 집중도가 높을 때 나올 확률이 높다. 상위권에 랭크된 상담사들은 옆 사람이 구급차에 실려 가도 모를 만큼 업무 집중도가 높다. 나 또한 고객과 상담을 진행할 때는 옆에서 잠을 자거나 떠들어도 무아지경이 되어 모르는 경우가 많았다. 고객은 내가 조금만 딴짓하면 전화를 바로 끊어버리므로 상담할 때 주의해야 한다. 계약은 내가 정신이 다른 데 가 있으면 안 나온다. '오늘 저녁에 어디서 뭐 하면서 놀까? 어디 가서 뭐를 먹지?' 이런 잡생각은 상담 중에 절대 하면 안 된다. 오늘 만나는 고객들에게 매 순간 최선을 다해야 한다. 내가 운영하는 센터의 한 수강생분이 이런 말을 한 적이 있다.

"작가님, 제가 계약이 잘 안 나와서 원인을 분석해봤어요. 그런

데 제가 저도 모르게 고객과 통화하면서 딴짓하는 것을 발견했어요. 그래서 정신 차리고 해서 오늘 계약이 나왔어요."

내가 딴짓하면 고객도 딴짓하면서 듣는다. 계약을 많이 하고 싶다면 상담할 때 초집중하는 것을 절대 잊지 말자. 내가 초집중할 때 고객이 내 상담에 끌려 들어온다. 상담사가 완전 무장하고 군기가 바짝 들어 있는 군인처럼 정신을 차리고 상담하면 고객은 점점 끌려온다. 만약 나라를 지켜야 하는 군인들이 정신이 해이해져 있으면 이 나라의 국방은 어떻게 될까? 다른 나라의 침략을 받게 되고, 우리나라는 망하게 될 것이 뻔하다. 그래서 군대 지원을 하면 군대에 자대 배치를 받기 전에 꼭 거치는 곳이 있다. 바로 군인이 되기 위한 기본 기술을 가르치는 훈련소에서 훈련받게 된다. 훈련의 종류는 실탄 사격, 유격 훈련, 집라인 훈련, 화생방 훈련 등이다. 이런 혹독한 훈련을 하는 이유는 무엇일까? 정신이 바짝 든 군인을 만들기 위해서다. 이렇게 해야 자대 배치를 받아서 정식 군인이 되어도 사고가 나지 않는다. 가장 큰 사고는 수류탄 사고 및 실탄 사격 사고다. 사람의 목숨이 왔다 갔다 하는 일이기 때문에 군대에서는 군기를 가장 중요하게 생각한다. TM도 고객들과의 상담을 통해 계약을 체결할 때 가장 핵심 기술이 바로 초집중하는 자세다. 고객의 말에 귀 기울이고 경청하는 것은 물론, 맞장구도 쳐주면서 칭찬도 하는 상담을 진행할 때 좋은 결과로 이어지게 된다.

출근했으면 45분은 열심히 상담하고, 15분은 푹 쉬자

출근해서 하루 1건 계약 시 하루 수입은 40만 원 정도 된다(5만 원×800%=40만 원). 평균적으로 보험 TM의 경우 건당 계약 금액이 3~5만 원 선이다. 상품마다 센터마다 기준이 다 다르고, 수수료도 제각각이다. 하루 1건을 하기 위해서는 업무 능률이 중요하다. 업무 능률을 높이고 싶다면, 일하는 시간과 쉬는 시간의 구분을 잘해야 한다. 너무 집중하면 오히려 집중력이 떨어지게 된다. 대부분 TM 센터는 콜타임 기준으로 하루 2시간을 일하도록 독려하고 있다. 그러면 고객들과 터치 수는 약 50~100명 정도와 통화를 하게 된다. 온종일 업무에만 집중하면 능률이 떨어지게 되므로 중간에 쉬면서 하는 게 좋다. 우리의 뇌도 활동을 계속하는 것보다 쉬면서 할 때 효과가 더 좋다는 통계도 있다.

체결률을 높이면 좋은 DB를 받는다

잘하는 상담사들은 체결률이 2~3% 정도 된다. 이 말은 100명과 통화를 진행할 때 2~3건을 달성한다는 말이다. 1건당 약 40만 원의 수입이니 하루 수입을 80~100만 원을 벌어간다. 한 달로 계산하면 약 2,000~3,000만 원이 된다. 못하는 상담사들은 체결률이 0~1% 정도 된다. 이 말은 100명과 통화를 진행하면 1건도 못 하는 날이 많고, 어쩌다가 1건을 달성한다는 말이다. 월급은 100~200만 원 정도를 가져간다.

왜 이런 차이가 나는 것일까? 바로 업무시간 외의 시간에 내가 어떤 노력을 했는가에 달려 있다. 우리가 학교에 다닐 때도 항상 90점 이상을 맞는 친구가 있지만, 항상 꼴찌 자리를 당당히 지키고 있는 친구도 있었던 것을 기억하는가? 체결률은 전적으로 상담의 품질에 달려 있다. '얼마나 좋은 스크립트를 쓰는가? 연령대별 고객의 특징과 공략해야 할 포인트는 무엇인가? 업셀링(Upselling)과 고액 계약을 하는 방법을 알고 있는가?' 등이 상담의 품질을 결정하게 된다.

초보도 계약 잘하게 만드는 법

먼저 1호 고객이 되어라

고객들과 상담할 때 고객이 가장 중요하게 생각하는 것은 무엇인가? 나는 상담사의 자신감이라고 말하고 싶다. 고객들은 상품을 보고 계약을 하는 것이 아니다. 내가 아무리 이 상품이 좋다고 말해도 고객들은 이 상품을 눈으로 본 적이 없기 때문이다. 그래서 고객들은 상담사의 태도와 말에서 느껴지는 강한 힘이 있는 것을 좋아한다. 그리고 돈을 내어 상품을 구매한다. 고객들은 상품을 직접 본 적이 없으므로 100% 상담사의 열정에 의지해 가입을 결정하게 된다. 가끔 "나중에 전화해주세요"라고 반문하는 고객도 있지만, 상담사의 열정의 온도에 따라 그런 반문에 부딪혀 상담이 망하기도 하고, 그 반문을 용암에 들어간 쇳덩이처럼 녹여버려 계약으로 연결하기도 한다. 고객은 상담사의 자신감에 따라 상품에 대해 확신하게 된다. '이 상품이 좋구나!'라고 느끼고 계약을 진행하게 된다.

만약, 스크립트도 좋고, 세계 최초로 가장 좋은 담보가 들어 있는 상품이 출시되었다고 해도 내가 고객에게 말하는 태도와 자신감이 없다면, 그 상품은 고객이 볼 때 아무것도 아니고, 계약은 물 건너가버린다. 매일 계약하는 분들의 특징은 목소리에 힘이 느껴진다는 것이다. 이것은 상품에 대한 확신과 자신감이 없이는 나올 수 없는 부분이다. 한마디로 이 상품에 푹 빠져서 상담을 진행한다는 것이다.

한 가지 팁을 주자면, 항상 고객에게 상품에 관해 설명하기 전에 내가 이 상품을 먼저 구매하고 가입해보는 것이다. 그러면 상품에 대한 구매 후기를 정확하게 전달할 수 있고, 고객도 더욱 신뢰할 수 있을 것이다. "○○○ 회사는 ○○○ 부분이 없어요. 그런데 저희는 ○○○도 해드립니다"라는 정확한 데이터를 전달하면서 계약 확률을 더 높일 수 있다.

정리하면, 고객들은 상품을 보고 가입을 하지 않는다. 상담사의 열정과 태도를 보고 좋은지, 나쁜지 판단한다. 상담하기 전 오늘 나의 열정의 온도는 몇 도인지 꼭 한번 점검해보자. 만약, 온도가 낮다면 반드시 해야 할 것이 있다. 바로 공부다. 매일 30분이라도 공부하는 상담사와 아닌 상담사는 하늘과 땅 차이다. 반드시 좋은 멘트, 좋은 사례들을 공부하자. 그러면 매일 계약하고, 통장에 돈이 차서 넘치는 기적이 생길 것이다.

나만의 철칙을 만들자

예전에 〈생활의 달인〉이라는 TV 프로그램에서 한 대박집 사장님이 이런 말씀을 하셨다.

"손님들이 드시는 건데 아무거나 넣을 수 있나요?"
"나는 내가 먹어보고 아니다 싶으면 팔지 않습니다."

이 말을 듣고 정말 온몸에 소름이 돋을 정도로 큰 깨달음이 왔다. 나도 '나만의 철칙을 가져야겠다'라는 생각이 들었고, 지금도 나만의 철칙을 가지고 살고 있다. 돈을 버는 사람들은 돈이 들어올 수밖에 없는 방법을 알고 있다. 돈이 나에게 들어올 수밖에 없는 환경과 그런 철학을 가지고 있는 것이다. 이 사장님의 돈이 들어오는 환경은 자신만의 철칙이다. 이 철칙을 어기면 손님들이 만족하지 못하고, 장사는 망하게 되는 것을 잘 아는 것이다. 어떤 분야에서 어떤 일을 하든지 돈을 벌지 못하고 망하는 이유는 자신만의 철칙과 철학을 가지고 있지 않기 때문이라고 생각한다. 남에게 잘 보이려고 실내장식은 잘하지만, 정작 중요한 음식 맛에는 소홀하게 되면 망하게 된다. 오늘 하루 결심하자. 그리고 외쳐보자.

"나는 나만의 철칙을 가지고, 고객들에게 좋은 것을 주는 사람이 될 것이다."
"내가 먼저 좋다는 생각이 들지 않은 물건은 절대 팔지 않을 것이다."

나 자신에게 먼저 인정받아야 한다. 스스로 자신을 생각했을 때 감동이 밀려오는 삶을 살아야 한다. 어려운 환경에서 잘 극복해서 성과를 냈다든지, 평소 체력이 부족해 운동을 안 하다가 어떤 자극을 통해 산 정상까지 올랐다든지, 공부를 게을리하다가 하루 10분 이상 책이나 전문 분야 공부를 통해 생각이 바뀌고, 급여가 2배 상승했다든지 하는 것 말이다.

나 자신에게 인정받으면 스스로 대견하게 생각이 되고, 어떤 문제가 닥쳐와도 '너 뭐냐? 저리 가라'라는 반응을 나타낼 수 있다. 대부분은 자기 앞에 문제와 고난이 다가오면 의기소침해지고, 두려워하며, 절망한다. 깊은 수렁으로 빠져들기도 하며, 그 슬럼프에서 파묻혀 회복할 수 없는 상태가 되기도 한다. 이때 중요한 것은 자기 능력을 믿는 것이다. 그러면 스스로 문제를 돌파하는 자신감과 힘이 생기게 된다.

수강생 중에는 치아센터에서 1등 했던 분, 암센터에서 1등 했던 분, 운전자 보험에서 1등 했던 분들이 오신다. 그분들이 뭐가 부족해서 교육을 받으러 올까? 아니다. 원래 잘하는 사람들은 더 잘하려고 노력하기 때문이다. 부자가 더 부자가 되는 원리와 같다.

TM 부자로 만들어주는 마음가짐

소득 수준의 4분의 1로 살아보자

TM은 마음가짐이 중요하다. 콜센터에서 돈을 버는 것보다 쓰는 것이 더 많다면 문제가 심각해진다. 나는 4,000억대 자산가 스노우폭스 김승호 회장님의 강연을 유튜브로 자주 보는 편인데, 한번은 강연하시면서 이런 말씀을 하셨다.

"소득 수준의 4분의 1로 살아보세요. 돈을 버는 것과 관리하는 것은 다릅니다. 100만 달러를 줘도 하루아침에 탕진하는 사람은 아무리 돈을 잘 벌어도 가난하게 살 수밖에 없습니다. 하지만 100만 달러가 있어도 2년 동안 아무 데도 쓰지 않을 수 있는 사람은 더 많은 돈을 벌게 됩니다. 돈이 돈을 끌어당기기 때문입니다. 그런 사람들은 적게 벌어도 오랫동안 부자로 살게 됩니다."

영업 관련 일을 하는 분들이 누구나 한 번씩 겪는 문제가 바로 '벌긴 버는데 남는 게 없다'라는 것이다. 내가 추천해드리고 싶은 것은 하루 가계부를 작성해보는 것이다. 필요한 지출과 쓸데없는 지출을 한눈에 알아볼 수 있게 된다.

하루 용돈 3만 원

나는 시간이 날 때마다 전문가들의 인터뷰를 유튜브로 즐겨 보는 편이다. 전문가들의 책도 좋지만, 시간이 없는 분들은 인터뷰 영상도 매우 추천해주고 싶다. 그분들의 삶의 철학을 듣고 있으면 가끔 큰 깨달음을 얻기도 한다.

예전에 MBC 방송사 PD였고 〈논스톱〉, 〈일밤〉, 〈내조의 여왕〉 등 수많은 프로그램을 연출했고, 지금은 세명대 저널리즘 대학원 교수로 재직 중인 김민식 교수님 말씀이 기억난다.

"저는 하루 용돈이 3만 원입니다. 우리가 대학생 때를 생각해보세요. 매일 적은 용돈으로도 너무 즐겁지 않았나요? 지금은 그때보다 돈을 더 많이 버는데 즐거움은 더 없어지는 것 같습니다. 그래서 저는 대학생 때처럼 매일 살려고 노력합니다. 그러면 평생 돈 걱정 없이 살 수 있을 것입니다. 대부분 돈 때문에 고생하는 이유는 수입이 늘어날수록 지출도 늘어나기 때문입니다."

평생 통장에 돈이 들어오는 TM 영업

나는 세상에서 가장 행복한 사람은 평생 통장에 돈이 들어오는 사람이라고 생각한다. 큰 금액이 잠깐 들어오는 것보다 적은 금액이라도 계속 들어오는 것이 중요하다. 특히 TM 영업하시는 분 중 1~2개월 동안 반짝 큰돈을 벌고 그만두는 분들을 본 적이 있는데 참 가슴 아픈 일이다.

TM은 어디를 가든 한번 들어가면 적응 기간이 필요하다. 작게는 2~3개월은 시스템을 배운다. 녹취하는 방법, 상품 교육, 교육 시험 이수, 설계하는 방법 및 전산 다루는 방법 등 해야 할 것들이 무척 많다. 이렇게 적응했는데 한 달 다니고 그만둔다면 참 가슴 아픈 일이 아닐 수 없다. 최소 1년은 다녀야 한다고 개인적으로 생각한다. 최소 5,000만 원은 벌고 나와야지 공부한 대가가 100만 원이면 안 된다. 또, TM 영업의 가장 큰 장점은 평생직장이라는 점이다. 나이가 들어도 나가라고 하지 않는다. 들어갈 때 스펙도 필요 없으며, 토플·토익 시험 같은 자격증도 필요 없고, 그냥 간단한 면접이면 90%는 통과다. 너무 쉽다 보니 사람들이 너무 쉽게 그만두는 경향도 있는 것 같다.

베스트셀러 작가 자청이 쓴 《역행자》에는 한 단계 업그레이드 된 나를 만드는 방법이 나온다.

"자의식을 해체해야 비로소 심리적으로 안정될 수 있으며 반복되는 실패를 성공으로 전환할 수 있다. 스스로 멍청하다는 것을 인정하자. 스스로 못났다는 것을 인정하자. 질투하는 대상보다 못났다는 것을 인정하자. 그다음에 발전이 있다."

내가 많은 상담사를 지도해봤지만, 자신의 부족한 부분을 감추고 숨기려 하면 절대 발전이 없다. 감추는 게 아니고, 드러내며, 고치고, 다듬는 과정이 있어야 월급이 200만 원에서, 많게는 2,000만 원까지 올라가게 된다. 지금 일이 잘 안되는 분들은 열심히 하지 말자. 잠시 10분 정도 자신을 점검해보자. 편안한 의자에 앉아서 눈을 감고 자신의 문제가 무엇인지 곰곰이 생각해보자.

여러분은 자신을 끌어주는 멘토가 있는가? 콜센터는 생각보다 혼자서 성공하기 힘든 분야다. 0.001% 천재들은 혼자서 1등하고 월급 1,000만 원을 벌기도 한다. 하지만 내가 10년 넘게 해본 결과, 옆에서 붙잡고 키워주지 않으면 낙동강 오리알 같은 신세가 되기 쉽다. 쉽게 말해 TM 영업으로 성공하고 싶다면, 칠흑같이 어두운 밤길을 가는데 가로등 같은 것이 있어야 한다는 말이다. 반드시 컴컴한 바닷가에 등대 같은 존재가 옆에 있어야 성공할 수 있는 분야다.

TM이 잘되는
환경 세팅

메라비언의 법칙

세계적인 심리학자 메라비언(Mehrabian)이 만든 법칙이 있다. 바로 '메라비언의 법칙'이라고 하는데, TM에 도움이 되어 소개해 드리고 싶다. 고객들과 상담할 때 상대방에 대한 인상이나 호감을 결정하는 중요한 것이 무엇일까? 메라비언은 이렇게 말한다.

"우리가 말하는 내용이 상대방에게 7% 영향을 미치고, 그에 비해 청각적 요소인 목소리와 발음 등이 38%나 영향을 미친다."

나는 이 이야기를 듣고 TM을 오래 해본 경험자로서 맞는 말이라 무릎을 '탁' 쳤다. TM은 사실 내용이 좀 부실해도 상담사의 목소리나 발음이 좋으면 '상담사가 상담을 잘하는구나! 완전 전문가네'라는 인상을 심어줄 수 있다.

발음을 연습하기 좋은 문장을 소개해보겠다. 한번 따라 해보면 엄청나게 발음이 좋아질 것이다. 평소 상대방에게 말하는 것이 잘 전달이 안 된다면 목소리를 크게 하는 것보다 더 효과적인 것이 발음을 좋게 하는 것이다. 발음이 나쁘면 TM을 할 때 치명적인 문제가 생기게 된다. 사람은 가만히 있으면 구강 구조가 자연히 굳어진다. 그런 경우 연습을 해주면 풀어주는 효과가 있다. TM을 잘하게 해주는 환경 세팅의 중요한 부분은 내 입을 완전히 느슨해질 정도로 풀어주는 것이다.

- 고소한 고추장 고추가 고소하다.
- 나무에 나는 나뭇잎이 나뭇가지에 나부낀다.
- 동 평화 3층 핫한 할인 행사장에서 동 평화 3층 핫팩 할인 행사 중.
- 칠월 칠일은 평창 친구 친정 칠순 잔칫날, 청춘 친구 칠십칠 명 참석.
- 중앙청 철창살 쌍 창살 사이 찰진 찹쌀떡 철창 사이로 철썩 붙었다.
- 간장 공장 공장장은 강 공장장이고, 된장 공장 공장장은 장 공장장이다.
- 저기 저 뜀틀이 내가 뛸 뜀틀인가? 네가 뛸 뜀틀인가?

내가 가르치는 비법

TM 상담사들을 가르칠 때 비법이 한 가지 있는데, 다음과 같다.

"수강생분 중 잘하는 분과 같이 일하도록 면접 일정을 잡아드릴게요."

나의 경험상 주변에 항상 잘되는 상담사들은 뭔가 있어서 잘되는 것이다. 해당 센터의 상품도 중요하고, DB의 품질도 중요하지만, 가장 중요한 것은 '감사하는 마음으로 일하는가?'라는 부분이 더 중요하다. 감사하는 사고를 하고 있으면, 고객들에게도 겸손하고 사랑으로 상담하게 되기 때문이다. 어떤 센터는 운영하는 분들이 상담사들을 일종의 기계 다루듯이 하는 것을 본 적이 있다.

"그것도 모르세요?"
"경력자 맞아요?"

그런 관리자들은 오래 못 간다. 사람은 다그친다고 성장하는 것이 아니다. 센터 실적을 올리고 싶다면 상담사들에게 감사와 사랑으로 대해보자. TM에서 억대 연봉을 받는 비결 중 인성이 얼마나 중요한지 알 수 있다. TM은 고객과 상담을 통해 계약을 체결하기 때문에 상담사의 자세가 굉장히 중요하다. 상담은 말로 하는 것 같지만, 실상은 고객을 진심으로 생각하는 마음으로 하는 것이기 때문이다. 세계 최고의 슈퍼스타이자 연봉이 100억 원이 넘는 축구선수 손흥민은 "자신의 축구는 온전히 아버지의 작품"이라고 말했다. 어떻게 이렇게 멋진 선수를 키워냈을까? 그의 아버지인 손웅정 작가의《모든 것은 기본에서 시작한다》에 보면 이런 부분이 나온다.

"겸손하라. 네게 주어진 모든 것들은 다 너의 것이 아니다. 감사하라. 세상은 감사하는 자의 것이다. 삶을 멀리 봐라. 욕심을 버리고 마음을 비워라. 마음을 비운 사람보다 무서운 사람은 없다."

손흥민 선수의 연봉이 100억 원이 넘는데, 그 아버지의 말 역시 100억 원이 넘는 것 같다. 겸손해야 하고, 모든 것이 다 내 것이 아니며, 항상 감사하는 사람이 되라고 말하는 손웅정 님의 축구에 대한 철학이 얼마나 값어치가 큰지 알 수 있다.

TM도 감사하는 멘탈과 고객에 대한 사랑이 녹아 있는 철학이 중요하다. 이런 자질을 갖춘 상담사들은 특징이 있다. 절대 지루하지 않고, 듣고 있으면 계속 듣게 되는 마법이 있다. 꼭 TM이 아니더라도 감사하는 사람은 주변에 항상 먼저 베푸는 성격이라 관계가 좋다.

내 주변을 항상 감사하는 사람으로 채워보자. 월급이 적든, 많든 항상 감사하고 밝은 분들을 찾아보자. 성격은 그 사람을 판단하는 아주 중요한 원칙이다. 내가 만나는 사람을 잘 가려서 만나자. 겸손과 감사가 있는 사람을 찾아보자. 어쩌면 돈 벌게 해주는 어떤 비법보다 중요한 것일 수도 있다. 주변 환경은 내 인생에 큰 영향을 준다. 내 주변을 돌아보자. 일하다 보면 장애물을 만날 수 있는데, 그럴 때마다 입에 담지도 못하는 욕과 불평불만으로 가득 찬 사람들은 멀리하자. 그 속에서 감사하는 사람을 찾아보자. 정리할 사람들은 바로바로 그냥 보내주자. 그것이 돈과 행운을 가져다주는 첫걸음이다. 그리고 다음과 같이 확언하자.

“나는 인간관계를 잘하는 사람이다.”
“부자들을 따라 하는 데 달인이다.”
“이상한 사람들은 멀리하고 차단할 것이다.”
“나는 돈과 행운이 늘 따라다니는 사람이다.”

일본 억만장자 사이토 히토리는 《부자의 인간관계》에서 “부자가 되고 싶은가요? 그러면 자신을 버리고, ‘부자가 된 사람을 따라’ 하세요. 참고로, 그 사람이 돈이 없었을 때부터 부자가 되기까지의 과정, 즉 사고방식과 노력에 주목해서 따라 하는 게 좋습니다. 마찬가지로 운을 좋게 만들고 싶으면 자기를 버리고 ‘운이 좋아진 사람을 따라’ 하면 됩니다. 부자가 되고 운이 좋아지는 데 무슨 특별한 비법이 있는 것이 아닙니다. 위에서 말한 게 전부입니다. 다시 말하지만, 행복해지는 것을 방해하는 건 당신 안에 있는 ‘나’입니다. ‘나’를 버리면 눈 깜짝 할 새에 행복해질 수 있습니다”라고 말했다.

많은 사람이 부자가 되고 싶어 한다. 돈을 많이 벌고 싶어 하고, 좋은 집을 가지고 싶어 한다. 그런데 왜 그 소원을 이루지 못하는 것일까? 사이토 히토리는 그 원인을 외부에서 찾지 말라고 한다. 내 속에서 찾아야 한다고 말한다. 내 고집이 세고, 남의 말을 안 듣는 사람들은 자신을 버리지 못하는 부류다. 이런 사람들은 돈과 행운이 들어오고 싶어도 그 자신을 버리지 못하기 때문에 못 들어오게 된다. 스스로 다짐해보자.

"돈과 행운은 나를 버릴 때 온다."
"지금 당장 운을 좋게 만들자."
"운이 좋은 사람들을 가까이하자."
"나의 나쁜 습관을 버리자."
"열등감, 자신감 부족, 의기소침은 적이다."
"운이 좋은 사람을 따라 하자."

코치를 바꾸고 20억 원을 받게 된 골프선수

인터넷에서 신문을 보던 중 깜짝 상금 20억 원을 받게 된 한 골프선수에 관한 〈한국일보〉 기사를 보게 되었다. 2016년에 세계 랭킹 4위까지 올랐던 세계 최고의 골프선수 리키 파울러(Rick Fowler)는 2019년 피닉스 오픈 우승 이후 샷 난조를 겪으며 긴 슬럼프에 빠졌다. 그리고 결국 세계 랭킹 100위 밖으로 밀려나는 고통을 겪게 되었다. 그런데 그 고통에서 빠져나올 수 있었던 돌파구는 노력과 열정이 아닌 코치와 캐디를 바꾸는 것이었다.

TM 영업과 골프가 무슨 관계가 있느냐고 물을 수도 있지만, 여기서 매우 중요한 한 가지를 배울 수 있다. 바로 TM 영업도 노력

 노후 걱정 없이 평생 월 500만 원 버는 TM 실전 비법 ·))

과 열정으로 1등을 할 수도 있지만, 결국 제대로 가르치는 코치를 만나지 못하면 금방 그만두고 슬럼프에 빠질 수 있다는 말이다. 내 수강생 중 한 분도 예전에 강남에 영업 기술을 알려주는 곳에 가서 배웠다고 했던 기억이 난다. 수백만 원을 주고 계약을 많이 하는 비법을 배우고 와서 나에게 한 말이 생각이 난다.

"정말 헛소리만 하더라고요."

그 수강생의 이름과 나이는 공개할 수 없지만, 그분은 큰 충격을 받았다. 맞다. 돈을 주고 배우는데 효과가 없다면, 그것은 큰 문제가 아닐 수 없다. 그래서 나의 수강생들에게도 항상 말한다.

"7주 과정을 등록하고 1년 동안 수강료의 2배를 못 벌면 100% 환불해드립니다. 단, 열심히 잘 따라와야겠죠?"

이것은 내가 중요하게 생각하는 부분이기도 하고, 수강하는 분들의 안전장치도 필요하다고 생각해서 만든 규칙이다. 더 중요한 것은 코칭을 잘 따라온 분들은 대부분 연봉으로 5,000만 원 정도는 다 벌어가니 코칭을 안 따르면 문제가 생길 수도 있다는 말이다. 그래서 나는 수강하려고 생각하는 분들은 일대일로 경력, 각오, 태도 같은 것들을 세세히 살핀다. 상담 중 잘하실 분이라는 판단이 들면, "한번 해봅시다"라고 자신 있게 말씀드린다. 신입은 처음에는 적응하느라 1~2개월은 힘들겠지만, 그 시기만 지혜롭게 코칭을 해주면 잘 따라오고, 계약도 잘 나온다.

문제는 10년 이상 경력자분들이다. 우리가 이사하려고 할 때 집이 지저분하고 더럽다면 어떻게 하는 것이 먼저일까? 그 집을 새집처럼 만들고 들어가야 기분 좋게 살 수 있을 것이다. 깨끗하고 깔끔하게 살고 싶다면 우선 도배를 해야 하는데, 이 작업에서 중요한 부분은 기존의 벽지를 다 뜯어내는 작업을 해야 한다.

내가 코칭을 할 때 항상 물어보는 것이 있다.

"선생님이 콜센터 영업에서 1,000만 원을 받고 싶다면, 기존 방식을 다 뜯어고치지 않으면 안 됩니다. 다 버리고 새로 배울 생각이 있으신가요?"

여기서 "예"가 나오면 통과지만, "아니오"가 나오면 코칭은 매우 힘들어지므로 수강은 미루어진다. 많은 상담사분께서 매주 특강에 오시는데, 항상 하시는 말씀이 이것이다.

"수강하면 월급 1,000만 원을 받을 수 있나요? 그렇다면 바로 등록할게요."

나는 그런 분들께 이렇게 말씀드린다.

"자, 만약 축구를 가르치는 축구학원이 있다고 합시다. 등록하면 손흥민이 됩니다. 이렇게 광고하는 학원이라면 선생님은 등록하시겠습니까?"

기초를 충분히 받쳐줘야 기술을 사용할 준비가 된다. 평소 체력이 너무 약해 전혀 공 찰 힘도 없는데 "등록하면 손흥민처럼 만들어드립니다"라는 말은 어불성설이 될 수밖에 없다. 특강에 오셔서 월 500만 원 이상 잘 버는 분들은 어떤 차이가 있을까? 성공하고, 집도 사며, 돈도 많이 버는 분들의 특징을 나열해보면 다음과 같다.

첫째, 기초부터 차근차근 배우고 싶어 한다.
둘째, 코치를 믿고 코칭을 해주는 대로 잘 따라온다.
셋째, 자기식으로 마음대로 수업하지 않는다.
넷째, 궁금한 점은 반드시 상담을 통해 해결한다.

5장

TM 전문가,
당신도
할 수 있다!

저 안에
태풍 몇 개

저절로 부자가 되는 방법은 없다

일본에서 유명한 초밥을 만드는 곳에 가면 숙련도를 본다고 한다. 아무리 지식이 많고 뛰어난 재능이 있어도 10년, 20년, 30년 해본 숙련도를 더 높게 평가한다고 한다.

어느 잡지를 보니 일본 긴자에서 유명한 초밥집에 대한 인터뷰 기사가 나와 있었다. 이곳은 4대째 120년 동안 초밥집을 운영한 가게라고 한다. '긴자 스시코'라는 상호를 달고 운영하는 사장 스기야마 마모루(杉山衛)는 부모님의 권유로 일식당을 운영하게 되었다고 한다. 일반적으로 '유명한 가게이고, 좋은 직원들이 있으니 잘되겠지' 하는 생각을 누구나 하게 된다. 하지만 그 부모님의 생각은 달랐다. 스기야마 사장은 기초부터 아주 혹독하고, 철저한 교육을 거쳐야 했다고 말한다.

"처음 1년 동안은 청소와 세탁을 맡았고, 2년째는 채소를 고르고 다듬는 법을 배웠습니다. 3년째는 보조로서 겨우 생선 다듬는 작업이 허락되었습니다. 그 후 3년간 다마고야키(계란말이 구이), 초밥 만드는 법 등을 배우고, 6년째 되어서야 겨우 생선 자르는 법을 배우기 시작했습니다."

120년 동안 망하지 않은 초밥집의 비밀은 기초를 아주 혹독하게 훈련하는 것임을 알 수 있었다. 1년 동안 청소와 세탁만 한다니 세상에 말이 되는가? 직원 대부분이 6개월이나 버틸 수 있을지 의문이 들기도 한다.

나는 이 인터뷰 기사를 보면서 TM 하는 분들을 떠올렸다. 너무 쉽게 입사하다 보니 제대로 된 교육을 받지 못해 일주일만 일해보고 그만두는가 하면, 계약은 잘하지만 관리를 못 해 다 취소가 들어와 그만두는 일이 비일비재하다. 이런 문제들의 원인은 딱 한 가지다. 바로 기초교육의 부족이다. 스크립트는 어떻게 짜야 하는지, 좋은 회사는 어떻게 가야 하는지 등 이런 것들이 기초교육이다.

TM 상담사들을 코칭해보면 대부분 이런 반응이 많다.

"기초교육은 필요 없고요. 월급 1,000만 원을 만들어주세요."
"과제는 필요 없고요. 고액 계약만 알려주세요."

나는 이런 분들도 정말 성공하기를 바란다. 잘되어서 집도 사고, 차도 샀으면 좋겠다. 하지만 저런 태도의 문제점은 기초를 건너뛰고 뭔가를 이루려고 하는 것이다. 무엇이든 열심히 하다 보면 언젠가는 이루어지겠지만, 기초가 없으니 모래 위에 지은 집처럼 금방 무너질 게 뻔하다. 나는 수백 명을 코칭하면서 TM 연도 대상, 1등, 월급 2,000만 원 등 많은 상담사의 인생을 억대 연봉 상담사로 바꿔줬다. 지금도 예전 수강생들이 생일이나 스승의 날에 선물을 보내오기도 한다. 정말 감사한 일이다. 액수나 선물의 가격을 떠나 참 보람되고 행복하다.

내게 수강생들의 성공 비결을 물어보는 분들이 많은데, 방법은 의외로 간단하다. 기초를 먼저 아주 튼튼하게 해주는 것이다. 거기에 내 비법과 기술들을 알려주면 문제들이 아주 쉽게 해결되고 계약도 잘 나오게 된다. 요행을 바라면 어떤 직업, 어떤 사업을 해도 잘되다가도 바로 꼬꾸라지게 된다. 돈이 많아서 사업을 한다고 해보자. 과연 돈만 있다고 사업을 성공시킬 수 있을까? 말을 원래 잘해서 TM 영업을 해도 말만 잘하는 것과 기초를 튼튼히 해서 고객들에게 상담으로 감동을 주고, 계약을 끌어내는 것과는 천지 차이다. 고객들 입장에서는 자신이 피땀 흘려 번 돈을 우리 상담사들에게 맡기는 것과 같다. 전문가답지도 않고, 매일 자리에 앉아서 광고 같은 상담만 하는 상담사에게 자기 돈을 맡길 수 있을까?

장석주 시인의 〈대추 한 알〉이라는 시를 좋아한다. 시의 내용을 보면 대추 한 알은 저절로 붉어질 리 없고, 혼자서 둥글어질 리 없다고 한다. 태풍, 천둥, 벼락을 견디고, 무서리, 땡볕, 초승달을 보내야 대추 한 알이 붉어지고, 둥글어지는 것이다.

나는 유튜브 〈김우창 작가 TV〉에서 매주 특강을 하고 있다. 많은 분이 특강에 오셔서 이렇게 말씀하신다.

"저 좀 빨리 월 1,000만 원 버는 방법을 알려주세요."

그러면 내가 말씀드린다.
"그런 방법이 있다면 나에게도 좀 알려줬으면 좋겠습니다."

세상에 사기꾼들이 많은 이유는 바로 이런 인간의 도박 심리 때문이다. 그런 데 빠지면 이익을 얻는 게 아니라 반드시 손해를 보게 된다. 아무 노력 없이 무언가를 얻으려고 한다는 것은 자연의 법칙에 어긋나기 때문에 그런 사람들은 얼마 가지 않아 망할 수밖에 없다. 단기간에 큰돈을 벌려고 프랜차이즈로 가게를 열어서 모아둔 몇억 원을 결국 날리는 지인들을 많이 봤다. 아무 노력도 없이, 아무 공부도 없이 성공한다는 말은 99%가 다단계이거나 사기다.

나는 TM 영업으로 기초를 다지는 기간을 반드시 3~6개월을 가져가라고 말한다. 축구를 처음 배우는 사람이 바로 슈팅 연습을 하는 게 아니듯 말이다. 기초 훈련이 좀 지루해도 그 훈련을 통달하면 어려운 운동들도 다 소화해낼 수 있다. 기초 체력을 기르고 나서 나중에 슈팅 연습을 해도 늦지 않다. 조급한 마음은 다 이해한다. 당장 돈이 필요하고, 먹고살 돈이 없다면 반드시 명심하

　노후 걱정 없이 평생 월 500만 원 버는 TM 실전 비법　)))

자. 급할수록 돌아가라. 나도 예전에 골프를 우연히 접하게 된 적이 있는데, 다치는 분들을 정말 많이 봤다. 기초가 없이 운동해서 갈비뼈에 금이 간 분, 손목에 붕대를 감은 분 등 그 결과가 비참하다. 세상에 저절로 부자가 되는 방법은 없다. 반드시 노력하고 공부한 만큼 실력이 쌓이고, 돈이 들어온다는 생각을 잊지 말자.

슬럼프가 올 때 대처법

　TM을 오래 하다 보면 이상한 무기력증이나 일하기 싫어지는 슬럼프 같은 것이 생긴다. 왜 그런지 정확히 설명하기는 어렵지만, 집중해서 상담하고, 똑같은 업무의 반복이다 보니 몸이 지쳐서 그런 것 같다. 그럴 때 제대로 대처 방법을 모른다면 문제가 생길 수 있다. 심하면 그만두게 되는 불상사가 생기기도 한다. 따라서 반드시 그 원인을 찾아서 해결하는 게 중요하다. 건강이 원인인지, 실장님과의 관계가 문제인지, 아니면 수수료가 너무 떨어진 것이 문제인지, 고객들과의 문제인지를 하루빨리 찾아내야 한다. 그리고 조금은 멀리서 그 문제를 바라보는 객관적인 태도가 중요하다. 너무 그 문제 속에 파묻혀버리면, 해결책은커녕 감정만 북받쳐 오르고 해결책은 보이지 않기 때문이다.

　부자들은 어떻게 문제를 해결할까? 김승호 회장은 《사장학 개론》에서 "나는 목공을 한다. 배울 것이 너무 많고 공구도 종류가 많다. 실력에 따라 가구가 달라지는 것을 보는 것은 새로 창업해서 회사를 키워나가는 재미와 비슷하다. 이제는 솜씨가 늘어 판매할 정도까지는 못 되어도 내가 집에서 사용하는 것은 무리 없을 정도다. 이렇게 새로운 것을 배우면 공허함이 조금씩 사라진다. 우울증이나 공황장애 같은 병은 의사를 찾아가 상의해야 한다. 약한 모습을 보이기 싫다는 핑계가 이런 경우에는 적용되지 않는다. 취미활동, 명상, 봉사활동 무엇이든 시작하기를 권한다"라고 말한다.

TM을 하면서 건강을 잃어버리는 경우를 종종 봤다. 그로 인해 1등을 하던 상담사들도 갑자기 병원 신세를 지게 되고, 1,000만 원을 받아야 하는데 근무 일수를 채우지 못해 500만 원밖에 받지 못하는 일도 생기는 것을 자주 봤다. 일과 생활의 균형은 백번 말해도 지나치지 않을 만큼 중요하다.

일단 먹는 것이 중요하다. 대부분 상담원분을 보면, 건강한 음식을 먹기보다 패스트푸드나 라면으로 끼니를 때우는 것을 자주 본다. 게다가 한 달에 한 번 정도 모여서 회식하기보다 거의 매일 술을 먹는 경우도 봤다. 일하는 게 피곤하면 운동이나 취미로 스트레스를 해소해야 건강해지고, 실적도 오르는 선순환 구조로 갈 수 있는데 말이다. 나의 건강은 곧 실적으로 바로 연결이 되기 때문에 조심해야 한다.

예전에 내가 센터 1등을 할 때 많은 상담사가 같이 술 한잔하고 싶어 했던 기억이 있다. 나보다 나이가 많은 상담사 한 분은 이런 말도 했다.

"1등 하는 분과 같이 술 한잔하게 되어 정말 영광입니다."

기분은 좋았지만, 평소 너무 잦은 술자리는 피하는 편이다. 과도한 음주로 인해 지각도 몇 번 했고, 계약할 때 피곤해서 지장도 많이 생겼다. 그때 이후로 사람들과 어울리는 모임은 줄이고, 취미로 운동을 시작했다. 헬스장을 등록하면 1~2회 정도 무료로 피티를 제공하는 곳이 있다. 전문 트레이너에게 훈련받으면 나중에 따로 운동하는 데도 큰 도움이 된다.

상담은 계속 앉아서 하는 일이다 보니 조금만 건강 관리를 소홀히 하면 금방 실적이 떨어진다. 비타민 같은 영양제도 잘 챙겨 먹어야 하고, 땀이 송골송골 날 만큼 러닝머신이나 조깅도 해주면 좋다. 일하다 보면 가끔 입술 주변에 영양 부족으로 인한 염증 같은 것들이 생길 때가 있는데, 의사에게 물어보니 수면 부족이나 영양 섭취 부족으로 피곤해서 그렇다고 비타민 B를 먹어보라고 했던 기억이 난다. 그때 이후로 매일 종합비타민을 1알씩 먹는다. 영양제를 먹으니 피곤함이 사라지는 경험을 하게 되어 상담사님들께도 추천해드린다.

상담사의 특성상 목이 아픈 경우가 많은데, 이것도 의사 선생님께 물어보니 술이 원인이라고 하셨다. 목을 많이 쓰면 성대를 쉬게 해줘야 하는데, 알코올을 섭취하게 되면 염증이 생겨 목이 아프다는 것이다. 목이 아픈 분들은 채소나 건강한 음식, 따뜻한 차 종류를 가까이해보자. 목 관리는 상담사들에게 실적과 바로 연결이 되므로, 어쩌면 화장을 위해 피부를 가꾸는 것보다 100배는 더 중요한 일인 것이다.

앞으로는 TM 하는 상담사도 목표 달성으로 인해 오는 공허함을 다른 방법으로 채워보자. 취미를 통해 그 공허함을 채운 수천억 자산가 김승호 회장님처럼 말이다.

매달 지갑을 채워주는 황금 물줄기가 있는가?

　나는 수강생들에게 항상 스타벅스 커피 쿠폰을 선물로 증정한다. 과제나 후기를 잘해주면 정말 고마운 마음에 드리는 선물이다. 다른 선물도 많지만, 스타벅스 커피 쿠폰을 주는 이유는 하루 한 잔의 커피를 마시면서 책을 보는 시간을 가지라는 의미에서다. 내가 좋은 책을 많이 읽으라는 이유는 빈털터리였던 내 인생이 책으로 바뀌었기 때문이다.

　내가 추천하는 도서들은 많다. 그중 2권을 가장 추천해드리는데, 한 권은 억만장자들이 실제로 많이 보는 책이라고 하는《바빌론 부자들의 돈 버는 지혜》다.

　지은이 조지 사무엘 클레이슨(George Samuel Clason)은 미국 루이지애나에서 태어나 네브래스카 대학을 졸업하고, 미국-스페인 전쟁에 참전했다. 퇴역 후에는 콜로라도 덴버에서 클레이슨 지도 회사를 설립하고, 미국과 캐나다의 도로 지도를 최초로 만들었다. 1926년에 클레이슨은 자신의 성공 경험을 바탕으로 고대 바빌론의 우화 형식을 빌려 글을 쓰기 시작했는데 그가 쓴 절약, 금융, 재테크에 관한 글은 은행과 보험업계에서 선풍적인 인기를 끌었다. 지금은 불멸의 스테디셀러가 되어 많은 성공한 사람들이 강력히 추천하고 있다. 어떤 억만장자는 이 책을 자기 제자들에게 선물했는데, 읽고 큰 부자가 되었다는 후기를 올리기도 했다. 참고로 그 억만장자는 앞서 여러 번 언급한 작가 사이토 히토리다.

20세기 최고의 재테크 책이자 아마존 베스트셀러인 이 책을 나도 지인의 추천으로 읽었는데, 감탄을 금치 못했다. 한 페이지, 한 페이지가 모두 다 명언이었다. 내가 열심히 일만 하고 돈을 모아도 불리지 못했던 이유가 아주 잘 나와 있었다. 그리고 다소 충격적인 내용들도 많았다. 읽어나갈수록 내 삶의 문제점과 앞으로 나아가야 할 방향이 보이는 책이었다. 이 책에 보면 '황금 물줄기'라는 말이 나온다. 나는 이 부분이 가장 크게 와닿았다.

"사람의 부는 지갑으로 평가되는 게 아니야. 돈을 써도 지갑을 다시 채워줄 황금 물줄기가 필요하다고. 그렇지 않으면 지갑은 순식간에 텅 비어버리고 말지."

상담할 때도 내 주변에 돈을 많이 버는 상담사들이 많았다. 그런데 그분들 중에는 황금 물줄기처럼 매달 꾸준히 들어오는 게 없는 분들도 많았다. 내 지갑을 다시 채워줄 황금 물줄기에 대한 개념이 전혀 없었다. 그래서 돈을 아무리 많이 벌어도 다시 빈털터리로 돌아가게 되는 것이다.

돈은 모아놓고, 다시 돈을 벌게 해주는 무언가로 바꿔야 한다. 이것을 해놓은 사람들은 점점 더 큰 부자의 길로 가는 것이다. 예를 들어 건물을 사서 매달 현금이 들어오게 한다든지, 오피스텔을 사서 매달 현금을 받는다든지, 무인 편의점 같은 것을 잘 공부해서 매달 현금이 들어오게 한다든지, 아니면 좋은 주식을 저렴하게 사서 시세가 오르면 판다든지 하는 등 말이다.

누구에게나 언젠가는 일하지 못하는 날이 100% 온다. 그게 언제인지는 나도 모른다. 하지만 확정적으로 온다는 사실은 변하지 않는다. 그래서 반드시 돈을 벌면 잘 모아서 황금 물줄기가 나오게 하는 작업을 해야 한다. 이런 노력 없이 돈만 벌게 된다면, 그 사람은 평생 일하고 돈이 없는 노후를 맞이할 확률이 매우 높다. 나이 들어 돈이 없는 사람을 누가 돌보기나 하겠는가? 나는 우리 상담사님들이 열심히 일하고 돈으로부터 버림받는 일이 없었으면 좋겠다. 열심히 일해서 황금 물줄기를 매달 적은 금액이라도 만들어놓으라고 말씀드리고 싶다.

부자들은 항상 마감을 정한다

켈리 최(Kelly Choi)는 자신의 유튜브 채널에서 성공한 사람들에게는 세 가지 공통점이 있다고 했다.

첫 번째는 꿈이 명확하다. 단순히 '부자가 될 거야'라는 게 아니라, 정확해야 한다. 100억대 부자가 될 것인지, 10억대 부자가 될 것인지 딱 정해야 한다.

두 번째는 부자들은 항상 데드라인을 정한다. 명확한 숫자를 언제까지 이루겠다는 게 있다.

세 번째는 부자들은 행동한다. '액션 플랜' 3개를 적는다. 매일 아침에 일어나 오늘 내가 할 일을 적는다.

2000년대 초 사업 실패로 10억 원의 빚을 지고 큰 교훈을 얻은 그는 "나와 비슷한 배경을 가진 사람 1,000명 정도를 공부했다. 당시에는 인터넷 검색도 잘 안 되어서 책을 읽었다. 부자가 된 사람들의 특성 7개 정도를 뽑아서 내게 대입했다. 그 사람들한테 배운 걸 써먹어서 5년 만에 100년 이루고도 못 이룰 부를 이루었다"라고 밝혔다.

켈리 최는 먼저 노동을 통한 종잣돈부터 모으라고 강조한다. 그는 "돈 많은 사람을 자세히 보면, 20%는 자기가 번 돈이고, 80%는 그 돈을 굴린 돈이다. 투자도 중요하지만, 노동으로 번 게 어마어마한 가치가 있다. 꼭 노동을 겸했으면 좋겠다"라고 말했다.

한편 가난할 수밖에 없는 '나쁜 습관'에 대한 언급도 했다. 자존감을 올리기 위해 명품을 충동구매를 하거나 건강에 나쁜 음식을 먹는 것, 너무 오랜 시간 SNS를 하고 게임을 하는 것 등을 꼽았다. 이어 지출과 투자는 명확히 구분해야 한다고 했다. 그는 "나도 돈이 없을 때 명품을 사고 싶었던 적이 있다. 그게 내 자존감을 채워주고, 그게 나인 줄 알았다"라고 한 뒤 "명품, 옷 등을 사는 건 지출"이라고 강조했다. 그는 다시 "만약에 컴퓨터를 산다면 이건

나한테 도움이 될까?”라고 물은 뒤 “이건 투자라고 생각되면 망설이지 말아야 한다. 투자를 잘하면 시간이 절약되고, 더 잘할 수 있다. 20대는 특히 경험적 투자와 내가 성장하는 투자에 돈을 써야 한다”라고 지적했다.

그는 또 워라밸(일과 삶의 균형)에 치우치지 말라고 했다. 그는 “워라밸을 해야 하는 것은 맞는데, 오후 6시에 칼퇴근하고 저녁에는 즐기겠다는 사람들은 영원히 노동에서 못 벗어난다. 죽을 때까지 일해야 한다. 그런 사람들은 50대, 60대, 70대 때도 돈이 많지 않을 확률이 높다”라고 했다.

켈리 최는 10억 원의 빚 때문에 죽으려고 했던 사람이었다. 하지만 ‘5년 안에 300억 원을 벌 거야’라고 딱 정하고, 5년 동안 집중해서 일했다. 그래서 그것보다 훨씬 더 많은 돈을 벌 수 있게 되었다. 한 분야의 최고치를 찍어보겠다고 생각하고, 5년을 타깃으로 잡아 진짜 열심히 일했고, 5년 동안 일만 한 후 세계 여행을 떠났다. 그는 “이렇게 하면 실력 향상이 빠르게 되어서 빨리 목표를 이룰 수 있다. 그리고 이렇게 워라밸을 해야 한다고 생각한다. 부자들 중 많은 사람이 일찍 자신의 목표를 이루고, 조기 퇴직해서 여행하기도 한다”라고 했다.

켈리 최는 모험적인 투자는 절대 하지 말라고 강조한다. 그는 “인생은 ‘오징어 게임’이 아니다. 모 아니면 도가 아니다. 똑똑하게 생각해서 장기전으로 내가 성장하겠다는 게 가장 중요하다. 성장이 행복이라 생각하고 도전하라. 또 실패하면서 배우고 그러면서 성공이 이루어진다. 20대에는 경험적 투자와 자신이 성장하는 것에 돈을 쓰는 것이 중요하다"라고 했다. 또한, "10대까지는 학교 공부로 세상을 배운다. 20대는 돈을 벌어가면서 경험을 쌓아야 한다. 예를 들어 취직하기 위해 사이트를 검색하고 공부하는 데 몇 달을 쓰지 않냐. 그런데 지금 할 수 있는 돈벌이를 하면서 하는 게 좋다. 청소부, 편의점 아르바이트, 쿠팡 배달 아르바이트도 좋다. 돈 벌면서 돈 버는 방법을 생각해야 한다"라고 했다.

일단 지금 하는 일에서 최고가 되는 게 중요하다. 꿈은 다른 곳에 있다고 하더라도 지금 하는 일을 꿈을 향해 도약할 기반으로 삼아야 한다. 나에게 주어진 모든 것에 최선을 다해야 하늘도 감동하는 법이다. 단 한 번도 한 가지 일에 온전히 미쳐본 적도 없고, 뼈가 으스러지도록 정성을 다한 적도 없는데 어떻게 부자가 되겠는가?

나는 성공에 관해 이야기할 때마다 와이셔츠 공장에서 일하며, 야간 고등학교에 다닐 때를 떠올린다. 그 시절에 나는 어떻게 하면 와이셔츠를 더 빨리, 더 많이 만들 수 있을까를 고민했다. 나의 분야에서 어떻게 하면 최고가 될 수 있을지를 생각하는 데 그야말로 완전히 미쳐 있었다.

한번 생각해보라. 내가 과거에 다녔던 와이셔츠 공장과 켈리 최가 운영하는 켈리델리 요식업이 무슨 관계가 있는가? 겉으로 보기에는 아무런 연관성이 없다. 하지만 한 가지 분야에서 최고를 찍겠다는 집념, 그것만큼은 일맥상통한다. 그리고 그것이 나를 이렇게 만들었다.

켈리 최 같은 6,000억대 부자가 말하는 일 잘하는 방법은 다음의 두 가지 정도로 요약할 수 있다.

'지금 하는 일에 최선을 다할 것.'
'어떻게 하면 더 빨리 더 많이 성과를 낼 수 있을지 고민할 것.'

나는 이 두 가지가 TM 영업을 하는데도 그대로 적용할 수 있다고 생각한다. 일단, 내가 어떤 일을 하든 간에 보험 TM, 부동산 TM, 주식 TM, 건강식품 TM, 랜턴 TM, 일반회사 TM 등에서 최고가 되는 데 최선을 다해보자. 거기서 멈추지 말고 성과를 내기 위한 노력을 하자. 책을 찾아보든지, 네이버에 검색해서 더 좋은 자료를 구해보거나 후기 등을 보든지, 유튜브에서 강의를 찾아보든지 해보자. 그러한 노력은 처음에 아무것도 아닌 것 같을 수도 있지만, 반드시 그 보상을 해준다.

나는 살면서 생기는 문제가 있으면 무조건 네이버나 유튜브를 먼저 검색해본다. 예를 들어 차를 사고 싶은데 무슨 차를 살지 모르겠다면 먼저 전문가들의 유튜브나 네이버 블로그를 찾아본다. 그리고 후회하는 경우와 잘 사는 경우 두 가지를 같이 봐야 한다. 너무 좋은 것만 보다 보면, 사고 나서 후회할 문제가 생기기 때문이다.

TM 영업으로 한 달에 1,000만 원을 벌고 싶다면 방법은 똑같다. 먼저 전문가들의 책과 유튜브, 블로그 등을 검색해서 찾아본다. 그리고 성공 후기들이 진짜인지 직접 만나서 상담도 진행해보고, 확인을 요청해보자. 옛말에 '돌다리도 두드려 보고 건너라'고

하지 않았는가? 제일 중요한 것은 수강생들을 직접 만나보는 것이다. 수강 후 만나서 확인하는 게 가장 최고의 방법이다. 콜 잘하는 분들과 소개로 만나 같이 일해보면, 느끼는 것도 많고 배울 점도 많다. 그저 그런 성적을 가지고 일한다면 문제가 심각하다. 잘못하면 안주하게 되고, 더 이상 발전이 없는 인생이 될 수도 있다. 6,000억대 부자가 말하는 일 잘하는 방법은 나중에 다른 일을 하게 되더라도 지금 하는 일에 최고가 되는 것이다. 그래야 하늘도 감동해 나에게 축복된 인생을 선물로 준다.

짧은 인생,
한 가지에 올인하라

인맥 관리할 시간에 자기 관리를 하자

우연히 유튜브를 보다가 '박진영 명언'이라는 콘텐츠를 보게 되었다. 그는 알다시피 유명한 엔터테인먼트 회사 JYP를 운영하는 대표이자 가수다. 다음은 그의 이야기다.

"인맥을 쌓아야지 성공할 수 있다고 믿는 분들이 많이 있는데, 짧게 보면 그렇습니다. 근데, 길게 보면 결국 사람들은 다 이기적이기 때문에 서로에게 도움이 될 때만 도와줍니다. 물론 진짜 친구는 당연히 힘들 때도 도움을 주겠죠. '오늘 내 춤 연습을 할까?, 노래 연습을 할까?, 내 일을 할까?, 내 공부를 할까?, 내 운동을 할까?, 중요한 사람을 만나야 하는데 그 사람을 만날까?' 그냥 여러분 실력을 키우고 여러분 몸을 관리하는 데 시간을 우선적으로 쓰세요. 인맥은 짧게 보면 도움이 되지만, 길게 보면 결코 도움이

 노후 걱정 없이 평생 월 500만 원 버는 TM 실전 비법

되지 않습니다. 그러니까 인맥을 쌓으려고 술자리에 가시거나 별로 안 좋아하는 사람들하고 어울려서 시간 보내는 일을 저는 하지 말라고 자신 있게 추천해드리고 싶습니다."

이 부분은 TM을 하는 분들이 알아야 한다. 나도 예전에는 인맥을 관리한다는 이유로 다른 회사의 상담사들과 어울려 다니는 것을 무척 좋아했다. 자주 만나서 힘든 점들을 이야기하기도 하고, 맛있는 식사를 하기도 했다. 물론 좋은 친구들과는 즐거운 시간이었지만, 나와 맞지 않는 분들과 함께할 때는 무척 고통스러웠다. 앉아 있는 것 자체가 힘든 경우도 많았다. 하지만 지금 생각해보면 정말 바보 같은 일이었다. 내가 상위권에 있다 보니 다른 상담사들이 노하우나 비법을 배우려고 자주 식사하자고 조르는 경우가 많았는데, 그때 거절을 잘 못해서 다음 날 출근에 지장이 생기는 일이 잦았다. 언제부턴가 갑자기 이래서는 안 되겠다는 생각이 들었다.

그 이후로 사람들과 어울리는 일을 중단했다. 그리고 월급의 10% 정도를 투자해 운동과 취미생활로 골프 연습과 헬스를 시작했다. 운동하면서 스트레스도 풀리고, 공을 때리면서 왠지 모르게 걱정거리도 생각하지 않을 만큼 몰입하게 되니 실적도 더 올라갔다. 이제는 예전처럼 인맥을 관리한다는 차원에서 만나고 싶지 않은 사람을 만나는 일은 거의 없다.

한 가지에 미치면 생기는 일

"넌 남자가 제일 멋있을 때가 언제인지 알아? 나처럼 한 가지 일에 몰입하고 있을 때 제일 멋있는 거야."

〈복면가왕〉에서 유명해진 가수 하현우는 어릴 적 미술 선생님의 이 말씀에 반해 한 가지에 몰입할 대상을 찾게 되었는데, 그것이 바로 노래였다. 그는 일주일에 네 번 정도 3~4시간씩 노래방을 다니며 피를 토하듯 노래 연습을 했고, 고등학교 축제에 참여해 〈She's Gone〉을 불렀다. 처음으로 사람들의 열광적인 환호를 받으면서 뭔가 하나에 미친 듯 몰입하면, 사람들에게 사랑받을 수 있음을 느끼게 된다. 그 후로 그는 오랫동안 다른 직업은 쳐다도 보지 않고 노래를 부르는 것만 집중했다. 그렇게 노력하고 가꿔왔던 가창력이 한 가요 프로그램을 통해 폭발한 것이다.

이렇듯 한 가지에 미치면 정말 무섭다. 많은 TM 상담사가 새겨들어야 할 부분이다. 지금도 TM 상담사들이 한 가지에 미치지 못하고 조금 해보다 그만두는 것을 보면 참 가슴이 아프다. 밥값도 오르고, 식비도 오르며, 집세도 오르는데 내 월급만 그대로다. 언제까지 이러고 살 것인가? '하늘이 무너져도 솟아날 구멍은 있다' 라는 말도 있지 않은가? 가수 하현우를 보면서 어떤 일이든 미치도록 노력하면 반드시 희망이 보인다는 것을 알게 되었다. 여러분은 시간과 노력을 쏟을 대상을 정하고, 방향을 정했는가? 그렇다면 이제 한눈팔지 않고 밀어붙이는 추진력이 중요하다.

하는 일마다 잘 안된다면
세 가지를 점검하자

"레몬이 생기면 레모네이드를 만드세요."

데일 카네기 책에서 읽었던 말이다. 내 앞에 문제가 있으면 문제를 가지고 예술작품으로 승화시키라는 말이다. 삶에 문제가 끊임없이 생긴다면 반드시 뭔가 문제가 있기 때문이다. 그것을 재료 삼아 반드시 무언가 가치 있는 것을 만들어내야 한다.

나는 예전부터 돈을 벌면 어디론가 다 사라져버렸다. 몇 년을 억대 연봉을 받았지만, 엉뚱한 곳에 돈을 많이 지출하는 나쁜 습관이 있었다. 그 결과 돈을 아무리 많이 벌어도 모이지 않았고 다 도망갔다. 만약, 지금 돈이 없다면 고민하지 말고, 돈 버는 기술을 배우는 기회로 삼아야 한다. 자녀가 공부를 못하면 고민하지 말고, 공부 방법을 바꿔주는 기회로 삼아야 한다. 건강이 지금 좋지 못하다면, 당장 가까운 산에 올라가서 피톤치드를 마음껏 마시는 기회로 삼아야 한다. 이것이 억만장자들이 하는 생각이다. 그들은 그래서 항상 운이 좋다. 문제를 가장한 운을 잘 알아차리기 때문이다.

다음과 같이 확언해보자.

"나는 내 앞에 문제들을 적어볼 것이다."
"그리고 그 문제들을 문제로 보지 않을 것이다."
"나를 한 단계 상승시켜주는 역할을 하도록 할 것이다."
"내 앞에 문제들을 예술작품으로 승화시키는 사람이 될 것이다."
"나는 참 멋진 사람이다."

억만장자들은 돈이 들어올 수밖에 없는 방법을 알고 있다. 돈이 나에게 들어올 수밖에 없는 환경과 철학을 가지고 있는 것이다.

열심히만 살면 후회하는 이유

나는 집 근처에 교보문고가 있어서 자주 들른다. 집에만 있으면 책이 있어도 잘 안 보게 되는 것 같아서 일부러 가서 보고, 인터넷으로 주문하는 때도 있다. 참 이상한 게 좀 불편하고, 좀 어려워야 풀고 싶은 수학 문제처럼 책 읽는 습관도 그런 것 같다.

TM 관련 공부도 마찬가지다. 일부러 교보문고 구석의 테이블이나 커피 한잔할 수 있는 스타벅스 같은 곳에서 공부해보는 것은 어떨까? 이어폰을 껴서 주변 소음을 없애고, 시원한 아이스 아메

리카노를 마시며 책이나 공부에 집중해보자. 나도 자주 가서 책을 보는 편인데 마치 어디 여행 온 느낌도 들고, 실내장식도 멋지게 되어 있어서 그런지 나를 대접해주는 기분도 들어서 공부도 더 잘된다. 굳이 멀리 가서 여행하면서 책 보는 것도 좋지만, 시간과 비용이 많이 들다 보니 나는 개인적으로 추천하지 않는다.

우연히 서점을 둘러보던 중 김수현 작가의 《나는 나로 살기로 했다》를 봤는데, 재미있게 읽었던 기억이 있다. 그중 한 부분을 소개하겠다.

"생각해보면 나는 대학을 졸업한 뒤 꽤 많은 것을 하며 열심히 살았다. 공모전에서 수상도 했고, 돈을 내고 이상한 단체의 리더십 프로그램에도 참여했고, 서포터즈가 되는 일들도 찾아다녔다. 지나고 보니, 지금 내 일에는 전혀 도움 안 되는 것들을 참 열심히 했다."

우리는 참 열심히 사는데 월급은 고만고만하고, 생활은 전혀 나아지지 않는다. 왜 그럴까? 공부를 열심히 하라고 학교에서 배웠고, 실제로 열심히 했다. 좋은 데 취직하려면 영어 공부를 열심히 하라고도 배웠지만, 실생활에서는 전혀 도움이 되지 않을 때가 많다.

여러분들에게 한 가지 드리고 싶은 말이 있다. 세상에서 하라고 하는 교육이나 취미는 좀 나중으로 미루고, 내 수입을 늘려주는 일에 돈과 시간을 쓰라고 말이다. TM 영업에서 중요한 것은 계약을 많이 하는 비법이다. 그 비법을 배우고 익혀 내 실적이 오르면, 내가 살게 될 집도 좋은 집으로 바뀔 것이다. 타고 다니는 차도 물론 좋은 차로 바뀔 것이다. 하지만 주변에 TM 하는 분들을 보면 대부분 계약이 안 나오면 그만두거나 다른 직장으로 옮기는 일을 많이 본다. 누구는 열심히 잘 배워 월급을 1,000만 원 넘게 버는데, 대부분은 시간과 돈을 엉뚱한 데 쓰고 신세 한탄을 하는 것이 참 안쓰럽다.

최고의 대우를
받는 방법

일에 성공하는 공식

예를 들어 가까운 김밥집에 밥을 먹으러 간다고 해보자. 정성이 들어간 김밥과 대충 만든 김밥이 어떻게 똑같을 수 있는가? 돈은 다른 사람들이 내 주머니에 주는 것이다. 그러면 '고객들에게 좋은 것을 주면, 많은 돈을 많이 벌게 된다'라는 공식이 성립하게 된다. TM 영업에서 큰 성과를 내려면 고객들이 원하는 것을 줘야 한다. 이것에 돈과 시간을 과감하게 사용해야 한다. 그렇지 않으면 좋은 서비스가 되지 않으므로 내 지갑은 늘 빈털터리로 살게 되는 것이다. 부자들은 좋은 서비스를 제공하는 데 거의 전 재산과 다를 바 없는 투자를 한다. 자녀들을 키울 때를 보자. 좋은 환경에서 좋은 교육을 하고자 얼마나 노력하는가? 항상 돈이 들어오는 사람들은 좋은 서비스를 제공하고자 돈과 시간을 아끼지 않고 하루 24시간을 다 투자한다. 그리고 고객들은 좋은 서비스를 받으면 지갑을 열고, 물건이나 상품을 구매하게 된다. 이것은 어떤 직업에서든 다 통하는 돈 버는 방법이다.

일반 사무직에서 돈 버는 방법도 다르지 않다. 디자인 부서라면, 시대에 뒤떨어지고 사람들이 좋아하지 않는 오래된 디자인보다 요즘 사람들이 열광하는 최신상 디자인을 연구하는 것이 경쟁력을 갖추는 길일 것이다. 그에 걸맞은 능력을 갖추기 위해 공부하며, 책을 읽고 강의 듣는 데 돈과 시간을 쓴다면 그 직원은 아마도 직장 내 최고 대우를 받을 가능성이 매우 높아질 것이다.

만약 반대로 일과 관련된 지식과 전문성에 투자하지 않는다면 어떻게 될까? 아무리 경력이 오래된 사람이라도 고객들이 환호하고 열광할 만한 능력을 갖추는 것을 게을리한다면, 곧 짐을 싸게 될 가능성이 매우 높다. 그 직장에서 오래 일했다는 것을 가지고 인정받으려 하고, 윗분들과의 인맥만 자랑하면서 승진만 바란다면, 가장 꼴불견인 직장 상사가 될 가능성이 매우 높다. 항상 인맥이나 지연과 학연보다 실력으로 승부를 보려고 노력하자. 그러면 평생 돈 걱정 없이 살 수 있게 될 것이다.

TM을 하다 보면 그런 분들이 실제로 있다. 그 센터에서 오래되었다고 자랑하면서 잡일을 시키려고 든다거나, 신입이라고 대놓고 그것도 모르냐고 하면서 면박을 주는 사람들 말이다.

이제는 지갑을 두둑하게 채워줄 여정을 시작해보자. 시간을 두고 천천히 공부하면서 멋진 인생이 펼쳐질 것을 믿고, 일에도 성공하고 인생에도 성공하자. 당당하게 오늘을 살아가자.

켈리 최는 《웰씽킹》에서 "삶의 우선순위에서 자기 자신을 두고,

사랑하는 일에서만큼은 타인보다 자신을 먼저 생각해야 한다. 자기를 사랑하지도 못하면서 어떻게 다른 사람을 위해 헌신하겠는가? 누구나 똑같은 24시간을 살아가지만, 그중에 최소 1시간 이상은 오로지 나 자신을 성장시키는 데 써야 한다"라고 말한다.

하루에 1시간은 오로지 나를 위해 써보자. 아무리 바빠도 24시간 중에 내 시간이 1분도 없다는 것은 말이 안 된다. 자, 이제 공부를 시작하자. 그리고 성공하자.

돈이 들어오는
입구를 막지 말라

운이 좋은 사람

내가 좋아하는 책도 많고, 좋아하는 작가들도 많지만, 그중에서 가장 좋아하는 작가를 꼽으라면 사이토 히토리라고 말씀드리고 싶다. 앞서 여러 번 언급했지만, 일본에서 식품회사를 운영하는 억만장자 CEO이자 베스트셀러 작가다. 이분은 돈 버는 방법을 알려달라고 하면 항상 '운'을 강조한다. 나도 회사를 운영하다 보면, 정말 운이 작용할 때와 아닐 때가 다르다.

사이토 히토리는 《부자의 운》에서 "운이 좋은 사람은 곤경에 처할 일이 없습니다. 하지만 아무리 운이 좋은 사람이라고 해도 살다 보면 어떤 문제가 생기기 마련이죠. 이런 경우 대부분 '곤란하다'라고 생각합니다. 하지만 저는 그렇게 생각하지 않습니다. 문제가 발생했다는 것은 자신을 한 단계 성장시켜주기 위해 하늘이 기회를 줬음을 뜻하니까요"라고 말한다.

인생을 살다 보면 생각대로 되는 일보다 문제가 생길 때가 많다. 하는 일이 잘 안된다든지, 가족 간에 불화가 생겼다든지, 잘하는 사람들은 월급을 3,000만 원을 받는데 나는 월급을 100만 원밖에 못 받는다든지, 사는 집이 형편없다든지, 건강에 이상 신호가 포착되었다든지, 자녀가 시험을 잘 못 봤다든지 등 많은 문제가 발생한다.

그럴 때 억만장자들은 어떻게 생각할까? 사이토 히토리는 "운이 좋다고 생각하고, 하늘이 주신 기회"로 생각하라고 말한다. 그는 하늘이 우리를 망하게 하고, 도저히 살 수 없게 만들기 위해 시련과 고통을 주는 것이 아니라고 말한다. 시련과 고통을 주는 이유는 더 성장하게 하기 위함이라고 말한다. 오히려 시련과 고통도 운이라고 말한다. 운이 좋다고 생각하면 시련과 고통도 운으로 바뀌게 된다는 말이다.

나는 〈한국텔레마케팅코칭협회〉를 운영하고 있는데, 대부분 1개 이상의 문제를 가지고 매달 많은 상담사가 찾아온다. 대부분 이런 것이다.

"계약이 힘들어요."
"적성에 안 맞는 것 같아요."
"어떻게 하면 잘할 수 있을까요?"
"빚더미에 있어 힘들어요."

나는 이런 분들에게 꼭 해주는 말이 있다.

"지금 돈을 못 버는 이유는 스스로 돈이 들어오는 입구를 막고 있어서 그렇습니다. 문제가 생기면 반드시 그에 맞는 해결책이 있습니다. 그 해결책을 찾으려는 생각을 하지 않고 신세 한탄만 한다면, 그것은 돈이 들어오는 길을 막는 일입니다. 돈이 들어오게 하려면 반드시 나는 운이 좋은 사람이라고 생각하고, 그 분야의 전문가를 찾아가 배워야 합니다. 그러면 선배 수강생들처럼 높은 연봉을 벌 수 있게 됩니다. 물론 처음 하는 일이라 용기도 필요할 겁니다. 그래서 전문가의 책을 사고, 강의도 듣고, 유튜브를 보면서 용기가 생기면 그때 문을 두드려 보는 것이 좋습니다. 그러면 해결책이 보이고, 돈이 들어오는 입구가 넓어지게 되고, 금전적인 문제들이 하나씩 해결될 겁니다."

하늘의 법칙을 알면 술술 풀린다

여러분은 하늘의 법칙을 믿는가? 나는 오랫동안 TM 영업을 해오면서 하늘의 법칙을 믿고 있다. 극장에 가서 영화를 보다 보면, 이상하게 주인공을 응원하게 되는 경우가 많다. 나쁜 짓을 한 범인은 속임수를 쓰고 도망 다니지만, 속으로 빨리 잡혀서 법의 심판을 받게 하고 싶다는 생각이 든다. 나는 이런 심리를 '하늘의 법칙'이라고 부르고 싶다. 쉽게 말해 내가 봐도 복을 받을 만한 일을 많이 하는 사람은 하늘도 복을 내린다는 말이다. 돈을 많이 버는 상담사들의 특징을 보면, 대부분 하늘의 법칙을 이용한다. 돈을 생각하기보다 고객의 가족을 먼저 생각해준다든지, 상품을 팔기보다 이 상품이 왜 필요한지를 먼저 인지시킨다든지 하는 것

   노후 걱정 없이 평생 월 500만 원 버는 TM 실전 비법))

들이다.

　내가 좋아하는 책 중에서 2억 원의 빚더미를 해결한 책이 있다. 바로 고이케 히로시(小池浩)가 쓴《2억 빚을 진 내게 우주님이 가르쳐준 운이 풀리는 말버릇》이다. 이 책에는 우주님이 말해주는 비법이 나온다. 예를 들어 "'연 수입으로 1,000만 엔을 원했지만, 아직 아무런 수입이 없는데?'라고 생각하는 당신! 확실히 아직 주문한 내용이 이루어지지는 않았을 것이다. 하지만 주문한 후 발생하는 모든 일은 주문한 내용이 이루어지기 위해 발행하는 것이다. 카페에서 커피를 주문하거나 인터넷 상점에서 무엇인가 주문한다면 그 배후에서는 누군가가 커피를 타거나 상점이 물건을 출하하고 배송업자가 움직이기 시작한다. 그리고 그 모습은 주방을 들여다보거나 인터넷 배송 상황을 살펴보는 방식으로 확인해볼 수 있지 않은가? 그와 마찬가지 일이 현실적으로도 발생한다"라고 말한다.

　하늘의 법칙은 내가 주문한 것을 나에게 가져다주는 것이다. 내가 항상 생각하는 것이 나에게 이루어지게 되고, 내가 원하는 것들이 항상 내 책상 위에 올라오게 된다. 다른 누군가가 나에게 가져다주는 것이 아니다. TM 성공비법도 마찬가지다. 2026년은 내가 어떻게 하느냐에 달렸지, 절대로 사주나 타로에 달리지 않았다. 2025년이 어렵고 힘들었다면, 하늘의 법칙에 따라 내가 어렵고 힘든 환경을 만들었다는 말이다. 운이 풀리는 말을 해보자. 2026년에는 운이 잘 풀리도록 내 습관을 고쳐보자. 그리고 멋지고 행복하게 살아보자.

노후가 불안하다면
지금 TM을 배우자

"우울한 노후… 기초생활급여 받는 받는 노인 62% 급증."

이 충격적인 〈매경이코노미〉 기사를 보면, 기초생활수급자 중 노인 비중이 44.4% 정도 되고, 근로장려금을 받는 노령층도 약 40% 증가하고 있다고 한다. 지금 우리나라는 '양질의 노인 일자리 정책이 시급하다'라는 내용을 담고 있다. 대한민국은 지금 평생 일자리 문제로 골치가 아프다. 좋은 학교를 나와 좋은 회사에 들어가서 열심히 살았지만, 정년이 다가오고 노년은 아무도 책임져 주지 않는다.

하지만 TM은 잘만 배워놓으면 평생직장, 평생 생활비 문제를 해결해주는 좋은 직업이다. 최근에 수강한 분 중에는 센터에서 2등을 하신 분이 있다. 그분은 거주지가 경기도 수원인데, 60대 시니어 상담사님이다. 대부분 TM 영업은 어렵고 힘들다고 생각하지만, 이처럼 잘만 배우면 누구나 고액 연봉을 받을 수 있다. 60대 주부님도 오셔서 센터 2등을 하는 것을 보면, 처음 시작해보는 20~30대 젊은 상담사도 충분히 잘할 수 있는 직업이다.

또, 최근 TM 영업 2024년 연도 대상 시상식에서 대상을 수상하신 분이 있다. 경기도 고양시에 사시는 분이신데, 마찬가지로 60대 주부셨다. 이분은 약 3년 전 나를 찾아오셨는데, 남편분이 실직해서 집에 계시는 바람에 졸지에 돈을 벌 수밖에 없어서 알아보던 중 나의 책과 강의를 알게 되셨다고 한다. 나이가 많아서 이쪽 분야에 발을 들이기 힘들다고 푸념하는 분들은 다시 한번 생각해볼 대목이다.

언젠가 곰곰이 생각해본 적이 있다. 왜 이분들은 코칭을 하면 돈을 잘 벌고, 코칭 효과가 엄청 좋을까? 그 이유는 몇 가지가 있지만, 제일 큰 것은 아마도 간절함이 아닌가 싶다. 이 직업에서 승부를 보지 못하면, 30년 노후 생활이 힘들고 고된 노동 현장에 참여해야 한다는 두려움 때문이 아닐까 생각해본다. 또한, 이분들의 과제 수행 능력을 보면 알 수 있다. 나는 수강하기로 결심하고, 등록한 분들에게 과제를 매일 내준다. 그 이유는 전문가로 성장시키기 위한 필수 코스가 과제 수행 능력에 있기 때문이다.

나는 현재 상담사의 회사에 맞게 스크립트를 코칭하고, 좋은 회사에 들어갔는지 체크해드리고 아니면 다시 추천도 해드린다. 그 외에도 클로징하는 방법, 도입에 잘리지 않는 방법 등을 다양하게 알려드리고 있다.

고객들이 원하는 것을 계속 생각하자

상담할 때는 항상 '고객들이 어떤 것을 원하는가?'에 대한 고민을 매일 해야 한다. 이 부분을 중점적으로 상담하다 보면, 계약은 자동으로 따라오는 신기한 일이 생길 것이다.

내 경험상 대부분의 신입 TM 영업 상담사들은 상품은 판매하는 것으로 생각한다. 엄밀히 말하면 판매하는 것이 아니라, 고객이 사고 싶은 마음이 들도록 이야기해주는 것이다. TM 영업에서 가장 중요한 핵심은 고객이 선택하는 계약을 하는 것이다. 강매하면 악순환의 늪에서 빠져나오지 못하게 된다.

아프지 않고 오래 사는 것을 원하는지, 어려울 때 어떤 도움이 필요한지, 자녀들이 아프지 않고 학교를 잘 마치기를 원하는지, 질병에 걸리거나 사고가 났을 때 어떤 도움을 받고 싶어 하는지 등 고객들이 무엇을 원하는지를 항상 머릿속에 생각하면서 상담해야 한다. 그러면 실적이 점점 올라가는 경험을 하게 된다.

나는 수강생들에게 최소 2~3개월은 실적에 상관없이 공부하라
고 주문한다. 그러면 마음이 조급해지지 않고 편안하게 되며, 실
력이 점점 쌓이게 되고, 월급이 늘어나게 된다. 하지만 고객들이
원하는 것보다 계약을 먼저 이야기하게 되면 상담이 아니라 광고
가 되어버린다. 그러면 계약은 안 나오고, 계약해도 광고 보고 가
입한 것이니 취소가 들어올 게 뻔하다. 대부분 상담사는 내가 하
고 싶은 이야기를 해서 상담이 길어지고, 계약을 못 한 채 퇴근한
다. 고객은 이 상담사가 진짜 나에게 도움을 줄 수 있는 상담사인
가를 살핀다.

콜센터에서 돈 버는 비법

여러분들이 콜센터에서 돈을 많이 벌고 싶다면, 돈 버는 비법을
전문가에게 배워야 한다. 금액이 얼마나 들든 그 비법을 내 것으
로 만들 수만 있다면 10배, 100배의 수익이 생기기 때문이다. 들
어가는 돈보다 내가 가져가는 돈이 더 많다는 말이다.

나는 2019년부터 지금까지 약 300명 이상의 상담사들을 코칭
했다. 다들 수업을 듣고, 감사하게도 후기를 써주셨다. 그 후기는
네이버 카페 〈한국텔레마케팅코칭협회〉를 보면, 자세하게 올라
와 있다.

억만장자들의 생각을 배우면 우리도 억만장자가 된다. 이것은
진리다. 그 사람들의 생각이 때로는 불편할 수도 있지만, 인정할
것은 인정해야 한다. 지금 당장 "나는 운이 좋다"라고 말하자. 하
루에 백 번씩 말하자.

고객들이 겪을 어려움을 말해줘라

초보 상담사들이 고객과 상담할 때 가장 많이 실수하는 것이 있다. 바로 아무런 준비가 되지 않은 상태에서 계약하려고, 고객들에게 달려드는 것이다. "○○ 해주세요", "○○ 하셔야 합니다"라며 실적을 위해 상담을 하고 판매한다. 이렇게 고객들한테 강제로 판매하려고 하면 100% 망하는 길이다. 실적을 위한 상담은 취소로 돌아온다. 그 결과 멘탈이 붕괴되고 더 이상 출근하기 싫은 지경까지 간다면, 이미 그 사람은 끝난 것이다. 여름철에 폭우가 쏟아지는 계곡에서 야영하다가 폭포수처럼 쏟아져 내리는 계곡물에 휩쓸려 내려가는 것과 같은 상황이다. 이런 황당한 경우는 당해보지 않은 사람은 절대 알 수 없다.

요즘 고객들은 매우 똑똑해졌기 때문에 초보 상담사에게 가입하는 경우가 드물다. 그러므로 상담할 때는 고객은 한 달에 3만 원을 내지만, 상담사는 5,000만 원을 주는 상담을 해야 한다. 100배 이상으로 돌려주는 상담은 여러분들에게 막대한 재산을 만들어줄 것이다. 내가 성공하려고 하지 말자. 고객을 성공시키자. 고객들이 어떨 때 가장 고마움을 느끼는가? 그분들에게 가장 어려운 일이 무엇인가? 건강할 때는 누구나 잘 살지만, 몸이 병들어 아플 때 돌봐줄 사람이 없는 것이 고객에게는 가장 큰 어려움이다.

고객을 성공시키면, 여러분들의 인생에 닥친 문제들의 99%는 해결될 것이다. 돈 문제, 자녀 문제, 직장 문제, 노후 문제, 대출 문제 등 수많은 문제가 한 방에 해결될 것이다. 내가 성공하려고 하지 말고, 고객을 성공시킬 때 벌어지는 일은 가히 엄청난 것이다.

고객들을 하루 1명씩 성공시키다 보면, 어느새 상위권에 올라가 있을 것이다. 그 비결은 내가 성공하려고 1건 하는 것이 아니라 고객을 하루 1명씩 성공시키는 것이다. 종이 한 장 차이로 보이지만, 하늘과 땅 차이이다. 고객을 성공시켜야 상담사로 성공할 수 있다. 내가 부자가 되려고 하면 망한다.

주변을 보라. 혼자만 잘 먹고, 잘살려고 하는 사람들이 보이는가? 그 사람들의 특징이 무엇인가? 다 그렇지는 않겠지만, 대부분 힘들게 살고 있지는 않은지 살펴보자. 주변 사람들을 성공시키려고 하는 사람들은 곧 부자가 될 사람이다. 예를 들어 실장님과 다투는 상담사치고 돈을 많이 버는 사람이 있는가? 고객들과 매일 싸우는 상담사가 1등 하는 것을 본 적이 있는가?

반드시 고객을 부자로 만드는 상담을 해야 성공한다. 그러면 통장에 돈이 쌓이기 시작하고, 집도 생기며, 차도 생기게 될 것이다. 다시 한번 강조하지만, 회사에 출근해서 계약하려고 하면 안 된다. 고객을 부자로 만드는 상담을 해야 한다. 최소 하루에 30분은 고객을 어떻게 부자로 만들 것인가를 연구해야 한다. 그래야 고객들이 계약도 하고, 소개도 해주는 일이 발생하게 된다. 최근에 나의 수강생 중에도 3,500만 원을 받고 스카우트되어 이직하는 상담사가 있었다. 그분에게도 고객을 부자로 만드는 상담을 하는 방법을 알려줬을 뿐인데, 큰 금액의 돈을 받고 좋은 회사에서 스카우트 제의를 받는 기적이 벌어졌다. 여러분도 반드시 내가 성공하려고 하지 말고, 고객을 성공시키는 상담을 해서 반드시 성공하는 상담사가 되자.

TM을 잘 배우면
9억 원의 가치가 있다

최근에는 부동산을 사려고 하는 분들이 많다. 시세는 지역마다 다 다르고, 건물가격도 천차만별이지만, 오피스텔 1억 5,000만 원 짜리를 매매해서 월세를 놓는다고 해보자. 예를 들어 서울에 자리 잡고 있고 역세권 좋은 자리라고 하면, 매달 약 50만 원 정도의 월세를 현금으로 받을 수 있다. 그런데 내 특강을 듣고 매달 월급이 200만 원에서 500만 원으로 오른다면, 매달 300만 원의 현금을 더 가져가게 된다. 그러면 월 300만 원의 현금을 더 가져가는 꼴이 되므로, 월세 50만 원 받는 오피스텔 6채를 가지고 있는 것과 같은 효과를 볼 수 있다. 1억 5,000만 원짜리 오피스텔 6채니까 합치면 9억 원 가치의 오피스텔 건물을 가지고 있는 꼴이 된다. 엄청난 일이 아닐 수 없다.

가끔 내 코칭을 가볍게 생각하는 사람들을 만난다. '누가 돈을 벌었다고?', '사실일까?' 하는 의심의 눈초리로 무시하는 말을 하는 사람도 있다. 예전에는 이런 분들을 만나거나 통화를 하게 되면 화를 내거나 스트레스를 받았지만, 지금은 전혀 신경 쓰지 않는다. 나는 100명을 만나더라도 1명만 내 강의를 제대로 듣고 9억 원짜리 건물을 가진 효과를 보기를 바랄 뿐이다. 맛있는 음식점의 최고 메뉴를 다 같이 줄 서서 기다려 먹는다고 해도 호불호가 갈리기 마련이다. 내 책을 읽거나 강의를 듣고 나를 진정으로 믿고 따라올 사람 1명이면, 나는 그 사람을 위해 전심을 다해 가르쳐 줄 것이다. 그런 수강생들이 점점 늘어나게 되면 사는 게 행복할 것 같다.

사람을
설득하는 방법

나는 수강생분들에게 추천 도서를 많이 소개하는 편이다. 그중에서도 데일 카네기의 《인간관계론》을 적극 추천한다. 나는 TM을 처음 시작할 때 무척 힘들었다. 회사 주변이 서울 광화문 근처라서 교보문고에 자주 방문했는데, 갈 때마다 보는 책이 데일 카네기의 책들이었다. 그 책들을 보면서 '내가 이걸 왜 몰랐을까? 그래, 나쁜 습관은 고치면 되지. 나는 할 수 있다'라고 생각하며, 다시 힘을 얻고 다음 날 출근한 기억이 난다.

우리 일은 고객들을 상담해서 설득하는 게 주 업무다. 설득을 통해 고객과 계약을 체결해야 돈을 벌 수 있는 구조다. 따라서 '고객을 어떻게 하면 잘 설득할 수 있을까?'라는 문제에 봉착하는데, 스스로 해결하기에는 역부족이었다. 고민을 해봤지만 내 힘으로는 계약이 잘 체결되지 않았고, 무너지는 멘탈을 감당하기 힘들었다. 하지만 자포자기는 하지 않았고, '세계 최고에게 배우자'라고 생각했다. 예전에 보던 책에서 배운 것인데, 이노우에 히로유키의 한마디였다. 그는 항상 문제가 생기면 '세계 최고에게 배우자'라고 생각한다고 한다. 운동을 배울 때도 세계 최고에게 배우고, 옷을 살 때도 세계 최고의 옷을 입는다. 가격은 당연히 비싸지만 그만큼 값어치를 한다는 것이다. 그때 기억이 머릿속에 박혀서 그런지 항상 무슨 문제가 생기면, 근처 서점이나 도서관으로 가서 그 분야의 최고 전문가 책을 찾아본다. 무슨 문제든 책을 통해 해답을 찾으려고 노력했다.

혹시 여러분들의 삶에 무슨 문제가 있는가? 자녀 문제, 학업 문제, 재정 문제, 건강 문제, 대출 문제, 노후 문제 등등. 만약, 있다면 세계 최고에게서 답을 찾기를 바란다. 다행히 많은 천재와 전문가가 자신의 노하우와 비법을 책을 통해 후세에 남겨 놓았다. 자녀 문제가 있다면 자녀 교육에 관한 전문가를 먼저 찾고, 그분의 책을 읽어보라. 학업 문제가 있다면 국내 최고의 강사님이 집필한 책을 찾아 읽어보라. 이런 식으로 자신의 문제를 해결하려고 노력하면, 그 사람의 인생은 가시밭길이 아니라 꽃길만이 화려하게 펼쳐질 것이다.

나는 항상 TM으로 어떻게 하면 잘될까를 생각했다. 그래서 계약을 많이 하게 해주는 방법은 무슨 수를 써서라도 배우고, 익혀야 한다고 생각한다. 많은 TM 상담사분이 이 좋은 직업을 조금 해보다가 바로 그만두는 것을 자주 봤다. 아무런 노력도 없이 뭔가를 얻으려 하는 것은 쓰레기통에 넣어야 할 안 좋은 습관이다.

나는 수강생들에게 TM에 성공하고 싶다면, 고객들에게 강제로 판매하지 말고 설득하기 위해 공부하라고 말한다. 앞서 언급했고, 전 세계 6,000만 부 이상 판매된 최고의 인간관계 바이블인 데일 카네기의 《인간관계론》에는 다음의 내용이 나온다.

〈사람을 설득하는 방법〉

1. 논쟁을 이기는 유일한 방법은 논쟁을 피하는 것이다.

2. 다른 사람의 의견을 존중하라. 절대로 그 사람이 틀렸다고 이야기하지 마라.

3. 당신이 틀렸다면 빨리, 분명히 인정하라.

4. 우호적으로 시작하라.

5. 다른 사람들로 하여금 당장 "네, 네"라고 말하게 하라.

6. 다른 사람이 말을 많이 하도록 만들어라.

7. 다른 사람으로 하여금 스스로 생각해냈다고 여기도록 만들어라.

1. 논쟁을 이기는 유일한 방법은 논쟁을 피하는 것이다

TM으로 돈을 벌기 시작했을 때 내 스스로 다짐했던 게 있다. 바로 고객에게 논쟁으로 이기려고 하지 않는 것이다. 그리고 연도 대상도 받고, 억대 연봉도 받게 되었다. 여러분들도 혹시 TM으로 잘되고 싶다면, 절대 고객과 논쟁하지 말자. 처음에는 잘하려고 고객과 상담할 때 논쟁에서 이겨야 직성이 풀렸다. 나와 상담하는 고객이 잘 이해가 안 된다고 하면 더 잘 설명해드리려고 하기보다 이해 못 하는 고객을 원망했던 것 같다. 원망과 불평은 항상 실적을 저조하게 만드는 최악의 습관이다. 논쟁으로 고객을 이길 수 없다. 카네기의 말대로 고객과 논쟁할 일이 생기면 바로 피하는 게 상책이다. 거친 고객을 만나게 된다면 빨리 통화를 종료하는 것도 한 가지 방법이다. 내가 아무리 화가 나고 열받아도 논쟁한다면 그날의 기분은 완전히 망치게 되고, 실적을 올리지 못하고 퇴근하게 되는 불상사가 생긴다. 논쟁은 반드시 피하자.

2. 다른 사람의 의견을 존중하라. 절대로 그 사람이 틀렸다고 이야기하지 마라

고객들이 하는 말은 옳은 말도 있고, 틀린 말도 있다. 친구들과 대화하다 보면 "네가 방금 한 말, 내용이 완전히 틀렸어. 그거 아니야!" 이렇게 말하는 경우가 있을 것이다. 그럴 때는 그 친구의 말이 아무리 정답이고, 진리라고 해도 기분이 완전히 상해버린다. 그 친구와는 자주 만나지 않게 되고, 결국 멀어질 수밖에 없다. 다른 사람의 의견을 존중하는 것은 TM을 할 때도 매우 중요하다. 고객들은 TM 회사들로부터 안 좋은 경험이 있는 경우, TM 상담 전화가 오면 불만을 토로하는 경우가 있다. 나의 경우 그럴 때는 "네, 고객님. 제가 회사를 대신해서 먼저 사과드리겠습니다. 많이 고생하셨을 텐데 ○○의 경우 ○○이었는데, 지금은 더 좋아져서 정말 좋은 혜택이라 연락드린 건데요. 혹시 통화가 불편하시면 종료해드리도록 하겠습니다"라고 말한다. 최대한 고객의 의견을 존중하려고 노력하는 것이다. 설사 고객의 말이 얼토당토않은 말일지라도 말이다. 우리는 고객과 상담해서 이기려고 출근한 것이 아니다. 나와 맞는 고객을 찾고, 계약하기 위해 출근한 것이다. 그런데 이상한 고객과 실랑이를 벌이다가 시간도 버리고 내 에너지도 쓴다면, 그것만큼 손해는 없다. 카네기의 말처럼 어떠한 경우라도 고객의 의견을 최대한 존중해주자.

3. 당신이 틀렸다면 빨리, 분명히 인정하라

TM 상담사분들 중에는 큰 사고를 치는 분들이 종종 계신다. 고객에게 잘못된 안내를 하고, 제대로 안내했다고 우기는 경우다. 예를 들어 보험 TM의 경우, 고객이 병원에서 건강검진을 받던 중 암 진단을 받았을 때 지급되어야 할 5,000만 원의 진단금이 지급되지 않는다면 어떻게 될까? 보험사의 경우 병력 고지를 중요하게 본다. 만약 제대로 고지하지 않고 계약을 진행할 경우 이 5,000만 원은 고객에게 지급되고, 지급된 돈은 고스란히 상담사에게 구상권 청구를 하게 된다. 법적으로 빼도 박도 못하고 몇만 원을 벌려고 TM 하다가 5,000만 원을 물어줘야 하는 상황이 생길 수도 있다. 만약 TM 업무 중 당신이 틀렸다면 토를 달거나 변명하지 말고 바로 인정하라. 그것이 지금 당장은 조금 손해를 볼 수 있어도, 나중에 큰 사고가 나지 않게 해준다.

4. 우호적으로 시작하라

TM을 지금 막 시작한 분들은 고객들과 처음 아이스브레이킹(Ice breaking)을 하는 부분에서 어려움을 토로한다. 누구나 처음 통화한 사람에게 우호적일 수는 없다. 의심도 하고, 이상한 말도 하기 마련이다. TM 계약을 능숙하게 잘 끌어내는 상담사들은 굉장히 우호적이다. 이를 '서비스 마인드'라고 한다. 고객의 거절이

나 다그치는 말에도 절대 주눅 들지 않고, 한마디로 기죽지 않는다. 먼저 밝은 모습으로 도입을 들어가 고객이 거친 말을 해도 상담을 통해 고객이 얻어갈 이점을 잘 설명한다. 또한, 미소와 웃음과 당당함으로 상담을 이끌어간다. 프로 상담사들은 대부분 고객의 거절에도 우호적으로 상담을 시작한다.

고객이 "이런 전화하지 마세요"라고 해도 상담사는 "네, 고객님. 저희가 전화를 드린 이유는 고객님께서 지금 당장 무엇을 가입하시라고 전화를 드린 게 아니고요. 사용하시는 ○○카드에서 우수 고객이시기 때문에 이번에 시중의 절반도 안 되는 가격으로 ○○을 가져가실 수 있는 특별한 혜택이 있어서 연락을 드렸습니다. 다른 분들도 대부분 놓치지 않으시고 다 가져가셨던 내용이시거든요"라고 하면서 상담을 우호적으로 이끌어간다. TM이 처음이고 두렵다면, 먼저 고객에게 우호적으로 시작해보자. 반드시 좋은 결과가 기다리고 있을 것이다.

5. 다른 사람들로 하여금 당장 "네, 네"라고 말하게 하라

TM 하시는 분들은 거의 다 아는 것인데, 고객의 입에서 "네"라는 말이 나오게 상담하는 것이 중요하다. 상담 중에 다섯 번의 긍정적인 답변을 유도하면, 그 고객과 계약으로 갈 확률이 매우 높아진다고 하는 통계도 있다. 반면에 계약을 잘 못하는 분들은 똑같은 상담을 해도 고객에게 "아니요"라는 말이 나오게 상담한다. 예를 들면 이렇다.

상담사 : 고객님, 주소지가 틀리다고 나오는데요. ○○으로 되어
있는데 아닌가봐요?

고객 : 그거 아니에요.

잘하는 상담사들은 똑같은 상황에서도 고객의 입에서 "네"라
고 말하게 한다.

상담사 : 고객님, 주소지가 틀리다고 나오는데요. 혹시 바뀌신 것
이 맞나요?

고객 : 네, 맞아요. 주소지가 바뀐 것 맞아요. 제가 다시 불러드
릴게요."

사소해 보여도 고객에게 긍정적인 대답을 받으면, 고객은 계약
을 체결할 때도 긍정적으로 되기 쉽다. 마치 물리학의 가속도 법
칙에서 시속 100km로 달리는 자동차는 앞에 장애물이 있어도 돌
파하고 지나가는 것처럼 말이다. 고객을 부정적으로 끌고 가면
서 상담하느냐, 긍정적으로 상담하느냐는 전적으로 본인의 선택
에 달려 있다.

6. 다른 사람이 말을 많이 하도록 만들어라

국내에서 인기가 많고, 연봉도 많이 받는 TV 프로그램 MC는 누
구일까? 바로 유재석이다. 국민 MC이면서 동시에 방송 3사 연예
대상과 백상예술대상을 통틀어 총 21회를 수상했다. 역대 최다 대

상 수상자다. 게다가 수십억 원이 넘는 기부활동으로 미담이 끊이지 않아서 슈퍼스타로서 손색이 없다. 유재석 님을 개인적으로 알거나 만난 적은 없지만, 그가 나오는 프로그램 중 〈유퀴즈 온 더 블럭〉은 거의 빼놓지 않고 본다. 이 프로그램의 가장 큰 특징을 한 가지만 꼽으면, MC가 말을 많이 하는 것이 아니라 게스트의 말을 많이 듣는다는 것이다. 프로그램에서 어색한 상황이 나오지 않게 하는 입담도 좋지만, 게스트가 출연해 울먹울먹하면 본인도 감정이입이 되어 같이 우는 모습은 절대 연출이 아닐 것이다. 이는 게스트를 위한 배려와 진심이 아닐까?

TM 업무를 진행하다 보면 어려운 상황에 있는 분들을 만나는 경우가 있다. 예를 들어 자녀가 사고로 사망한 경우, 부모님이 사망해 자녀가 전화를 받는 경우, 남편이나 와이프가 사망해 DB에서 신원불명으로 DB를 삭제하는 경우가 있다. 물론 자주 발생하는 경우는 아니지만, 그럴 때마다 가슴이 아프다.

TM에서 중요한 것은 내가 말을 많이 하는 것이 아니라 고객이 말을 많이 하도록 하는 것이다. 그러면 고객들이 나를 잘 들어주는 멋진 상담사로 인식하게 된다. 이것은 매우 중요한 점이다. 항상 고객을 계약 대상으로 보지 말고 진심으로 대하는 TM을 한다면, 만족할 만한 성과가 나오게 될 것이다.

7. 다른 사람으로 하여금 스스로 생각해냈다고 여기도록 만들어라

미국에 있을 때 굉장히 사업을 잘하는 사장님을 본 적이 있다. 그분이 항상 입에 달고 다니던 말은 "어, 그거 좋은 생각이야"이었다. 중요한 점은 사장님이 다 알고 있는 정보였음에도 그렇게 말해주는 것이었다. 내 전공이 요리 쪽이어서 요리를 배우고자 미국에 거주한 적이 있었는데, 맨해튼 월스트리트 쪽의 일식당으로 미슐랭 스타도 받을 만큼 유명한 식당 사장님이었다. 이 사장님이 가게를 운영하게 된 스토리가 재미있다. 사장님은 학창 시절에 그 가게에서 아르바이트생으로 일하셨다. 그런데 당시 식당을 운영하시던 사장님한테 가게를 내놓아야 할 사정이 생겨 그때를 기회로 가게를 저렴하게 인수하게 되었다고 한다. 어떻게 보면 정말 기회를 잘 잡았던 것 같다.

식당은 연봉이 높았지만, 손수 초밥을 만들다 보니 작업이 쉽지는 않았다. 하지만 직원들은 10년 넘게 그 가게에서 즐겁게 일했다. 그 비결은 다름 아닌 사장님의 말솜씨 때문이었다. 본인이 스스로 많이 공부하고 노력하는데도 가게의 매출이나 마케팅에 도움이 되는 조언을 들으면 엄청나게 칭찬해주셨던 기억이 있다.

TM에서도 내가 방금 말한 내용인데, 고객이 자신이 알고 있는 내용이라는 듯한 뉘앙스를 주는 경우, 반드시 "어, 고객님. 그거 어떻게 아셨어요? 대단하세요!"라고 말해주자. 고객이 스스로 생각해냈다고 여기도록 해주자. 고객이니까 인정해주자. 고객이 스스로 생각했다고 느끼면, 그 상담은 좋은 방향으로 흘러가게 되고, 계약도 잘될 확률이 매우 높다.

 노후 걱정 없이 평생 월 500만 원 버는 TM 실전 비법

고객들은
나의 경력을 본다

평생 내 통장에 돈이 마르지 않는 기적을 체험하고 싶은가? 비법은 아주 간단하다. 한 분야에 오랜 경험을 쌓고, 하루하루 실력을 올리는 것이다. 내 친한 지인 중의 1명은 직업을 이리저리 옮겨 다니는 취미가 있었다. 상담 일을 조금 하다 안 되면 금방 그만두고, 다른 일을 알아보는 데 달인이었다.

"여기 택배 일하는데, 수입도 아주 좋아" 하면서 트럭을 한 대 사서 택배 일을 한다고 했다가 금방 지쳐 또 다른 일을 알아본다고 장사를 시작했다는 소식을 들었다. "여기 횟집 하나 차렸어. 잘될 것 같아" 하면서 100평짜리 횟집을 운영한다고 했다. 그런데 얼마 지나지 않아 또 연락이 왔다. 경기가 좋지 않지만 "부동산 쪽이 전망이 밝다"라고 하면서 부동산 쪽 일을 한다고 했다. 계속 이런 연락을 주고받다가 지금은 연락이 두절된 상태다. 아마도 경제적으로 큰 손해를 보고 자숙하고 있는 게 아닌가 하는 생각이 든다. 참으로 안타까운 일이 아닐 수 없다. 누구나 돈이 들어오는 원리를 모르면, 이런 실수를 하게 된다. 직업을 이리저리 옮겨 다니면 돈이 들어오는 게 아니라 돈이 사방으로 도망간다. 재정적으로 치명적인 결과를 불러온다.

그 이유는 돈이 통장에 들어오는 원리에 있다. 그 원리는 한 분야에 타의 추종을 불허할 만큼의 실력과 경험을 쌓는 데 있다. SBS 〈생활의 달인〉이라는 프로그램을 평소 자주 보는데 볼 때마다 참 대단하다는 생각이 든다. '이런 사람들이 과연 망할 수 있을까?' 싶다.

어떤 분야든지 많은 경험을 쌓고, 이것보다 더 잘 살 수 있을까 하는 생각이 들 만큼 하루하루 부단히 즐겁게 일하다 보면, 반드시 세상은 그에 대해 보답한다. 최선을 다해 살면서 쌓인 노하우와 기술들은 내 재산이 되고, 사람들이 맛에 감탄해 줄 서는 가게, 맛집이 되는 것이다. 그 기술을 습득하는 과정은 쉽지는 않을 것이다. 하지만 그 경험들은 온전히 내 것이기 때문에 평생 나에게 현금을 가져다주게 될 것이다.

'30년 경력 자동차 정비소 달인.'
'1년 경력 신입 정비소 직원.'

여러분은 소중한 자동차를 어디에 맡기고 싶은가? 보나 마나 30년 경력의 달인에게 맡길 것이다. 한 분야의 달인이 되는 것, 이것이 바로 평생 나에게 돈이 들어오게 하는 비법이다.

상담사로 예를 들어보자. 한 달 동안 책으로만 공부한 상담사와 전문가에게 6개월 정도 고생하며 기술을 전수받은 상담사가 같을 수 있을까? 잘 배워서 수업도 듣고, 비법을 가지고 큰 계약도 많이 해본 경험이 있는 상담사는 평생 생활비 걱정 없이 살게 된다. 하지만 주먹구구식으로 대충 상담하는 상담사는 기초도 없고, 비법도 없기 때문에 광고성 상담이 되고, 고객들은 '아, 이거 광고구나' 하면서 자동으로 도망가게 된다. 그리고 0건 하고 집에 가게 되고, 신세 한탄을 하게 되며, 실장님과 자주 싸우게 될 것이고, 결국 그만두게 된다. 어떻게 그렇게 잘 아냐면, 내가 다 경험해본 것이기 때문이다.

내 주변에는 이 회사, 저 회사를 계속 전전하는 상담사들이 많다. 이런 분들에게 드리고 싶은 이야기가 있다.

"돈이 좀 들더라도 세미나 좀 들으러 다니세요."

내가 고객이어도 전문가다운 상담을 해주는 사람에게 돈을 내고 가입할 것이다. 하지만 초보 상담사는 스크립트 외에 다른 질문을 하면, 경험 부족으로 엉뚱한 상담만 하다가 계약으로 연결이 되지 않는다.

자, 이렇게 다짐해보자. 그리고 평생 돈이 마르지 않는 삶을 살아보자.

"나는 한 분야의 달인이 될 것이다."

"나는 한번 한다면 하는 사람이다."

"여기저기 돌아다니며 고생하지 않고, 한 분야만 깊게 팔 것이다."

"나는 자신 있다."

"문제들이 생기면, 두려워하지 않고 당당히 헤쳐 나갈 것이다."

"나는 잘되는 사람이다."

기초를 통달하면 오래 일할 수 있게 된다

나는 유튜브로 전설적인 선수들이나 달인들의 이야기를 많이 본다. 그분들의 수많은 고난과 역경의 이야기를 보고 있으면 정말 존경스럽고, 조금만 힘들면 불평하는 내 자신도 돌아볼 기회가 되기 때문이다. 〈유 퀴즈 온 더 블럭〉에서 세계적인 월드 클래스 손흥민 선수를 키운 아버지 손웅정 코치는 이런 말을 했다.

"요즘 축구계를 보면 안타깝습니다. 기본기를 해야 할 애들에게 경기를 시키지 않습니까? 경기만 하는 것도 좋습니다. 하지만 성적을 내게 하잖아요? 누구를 위한 성적입니까? 너무 어려서 혹독하게 하니까 18세, 19세에 프로에 진입할 때 문제가 생기는 겁니다. 수술대에 올라야 하는 일이 생기게 됩니다. 혹사당했기 때문입니다."

기본기는 철저한 훈련을 통해 이루어진다. 손흥민 선수는 어릴 때부터 아침 8시에는 근육 훈련과 하루 1,000개의 슈팅 연습을 했다고 한다. 콜센터에서 성공하는 방법도 이와 비슷하다. 기본기에 충실하고, 그다음 고액 계약으로 가야 문제가 생기지 않고 오래 일할 수 있다. 평생직장이 되고, 생활비 걱정 없이 여행 다니며 살 수 있게 된다.

노후 걱정 없이 평생 월 500만 원 버는

TM 실전 비법

제1판 1쇄 2026년 3월 30일

지은이 김우창
펴낸이 한성주
펴낸곳 ㈜두드림미디어
책임편집 최윤경
디자인 디자인 뜰채 apexmino@hanmail.net

㈜두드림미디어
등 록   2015년 3월 25일(제2022-000009호)
주 소   서울시 강서구 공항대로 219, 620호, 621호
전 화   02)333-3577
팩 스   02)6455-3477
이메일   dodreamedia@naver.com(원고 투고 및 출판 관련 문의)

ISBN   979-11-24026-26-7 (03320)

**책 내용에 관한 궁금증은 표지 앞날개에 있는 저자의 이메일이나
저자의 각종 SNS 연락처로 문의해주시길 바랍니다.**

책값은 뒤표지에 있습니다.
파본은 구입하신 서점에서 교환해드립니다.